Hans-Bernd Meyer · Erinnerungen, Erlebnisse eines Barmen Jungen

FSC
www.fsc.org
MIX
Papier aus verantwortungsvollen Quellen
Paper from responsible sources
FSC® C105338

Hans-Bernd Meyer

Ich bin ein Barmer Junge, woll.

Erlebnisse, Beobachtungen, Geschichten, Biografie

Geschichte:erlebt
Edition der Erinnerungen

Bibliografische Information der Deutschen Nationalbibliothek
Die Deutsche Nationalbibliothek verzeichnet diese Publikation in der Deutschen Nationalbibliografie; detaillierte bibliografische Daten sind im Internet über http://dnb.d-nb.de abrufbar.

Originalausgabe
2023

Edition der Erinnerungen
im NordPark Verlag, Wuppertal
ISBN 978-3-943940-83-1

NordPark Verlag · Wuppertal und Radevormwald
Büro:
Honsberger Str. 32A · 42477 Radevormwald
www.nordpark-verlag.de

Der Autor hat über Jahre Bilder und Zeitungsausschnitte gesammelt und für seine Aufzeichnungen ausgewertet. In seinem Alter weiß er nicht mehr, woher all diese Bilder stammen und bittet die jeweiligen Rechteinhaber, den Verlag zu informieren, wenn Rechte angefordert werden sollten oder Urhebervermerke anzubringen sind.
Das Vorwort wurde von Alfred Miersch aus Entwürfen von Hermann Schulz zusammengestellt und neu formuliert.

INHALTSVERZEICHNIS

VORWORT

Hans-Bernd Meyer erzählt die Geschichte seines Lebens, die zugleich eine Geschichte dieses Landes im Kleinen ist. Er erzählt sein Leben und das seiner Familie wie jemand, der nicht gewohnt ist, Bücher zu schreiben. Gerade das zeichnet seinen Text aus.

Was dieser Mann aus Wuppertal-Barmen zu erzählen hat, handelt von Schicksalen seiner Familie und der Text weist doch weit über das persönliche Schicksal hinaus. Einer aus unserer Mitte erzählt seine Erlebnisse, sein subjektives Sein dieser Jahre. Es ist wichtig, solche Texte zu lesen und sie zu bedenken, weil es unsere Geschichte ist.

Bombennächte, Verluste, Zerstörungen. Die Trümmerstraßen, die fremden Soldaten, allgegenwärtiges Kriegsgerät, Männer mit amputierten Beinen, Armlose, Verblutende. Menschen auf der Flucht. Das Schweigen über diese Zeit dauerte lange an. Viele schwiegen, manche vor Scham über solch ein Erbe. Und hier erzählt einer, der in entscheidenden Gesprächen – als Kind und Erwachsener – hingehört hat und davon in diesem Büchlein spricht.

Vom Spiel in den Trümmern, der Einschulung, dem Wiederaufbau. Vom sich Einrichten in das neue Leben, beruflichem Vorankommen und privatem Glück, Familiengründung. Hans-Bernd Meyer klagt nicht über die Entbehrungen der frühen Jahre, er berichtet nüchtern über die Mühen und Versuche, zu überleben und vorwärts zu kommen.

Es ging aufwärts, die Ruinen wurden abgebaut, Wohnungen gebaut, die Städte glänzten im Licht der Schaufenster, man lebte und sparte und gönnte sich etwas. Man arbeitete hart und feierte mit Freunden und Familien. Manches zerbrach, es gab Leid und Zerwürfnisse und Rückschläge, es war nicht immer leicht, aber es war ein erfolgreicher Weg mit vielen schönen Augenblicken.

Diese private Lebensgeschichte fühlt sich erfüllt an und ist zugleich eine, die sich millionenfach in dieser Republik abspielte.

Der Älteste

Mein Name ist Hans-Bernd Meyer (Rufname Bernd), geboren bin ich als Barmer Kind im März 1938, da meine Eltern beide aus Barmen stammen (Barmen ist ein Stadtteil von Wuppertal).

Mein Vater war Johannes Meyer, geboren im Januar 1905 in Barmen. Er war Bandwebermeister, wurde durch seine damalige Firma 1936 nach Görlitz versetzt, in einen Zweitbetrieb des Unternehmens.

1937 kam meine Mutter Hildegard Meyer, geboren im Dezember 1908 in Barmen, ebenfalls nach Görlitz und es wurde geheiratet. So erblickte ich ein Jahr später in Görlitz das Licht der Welt mit den Genen eines Barmer Ehepaares, ein Barmer Junge. 1939 war das Heimweh meiner Mutter so groß, das die Familie wieder zurück nach Wuppertal-Barmen zog.

Meine Eltern kamen beide, wie das damals üblich war, aus so genannten Großfamilien. Bernhard hieß mein Opa und Clara meine Oma väterlicherseits, sie hatten 7 Kinder, Sohn Bernhard war im Ersten Weltkrieg gefallen, es folgten mein Vater Johannes, Kurt und die Mädchen Klara, Elli, Elfriede und Margarethe, meine Tanten und Onkels väterlicherseits. Hermann hieß mein Opa und Katharina, meine Oma mütterlicherseits. Sie hatten 8 Kinder, die Jungen Hermann, Erich und Arthur und die Mädchen Aenne, Maria, Elisabeth, Käthe und meineMutter Hildegard. Es wurde eine Wohnung auf dem Rott gefunden in der Straße Hohenstein im Hause der damaligen Bäckerei Demmer.

Nach Erzählungen meines Vaters wurde er 1940 zum Militär eingezogen, in die Waffengattung Heer. Das Kommando war die Flugabwehr in einem Ort bei Emstek in der Nähe von Cloppenburg. Da sich in dieser Gegend nur Bauerngehöfte befanden, es war noch die Zeit vor dem Zweiten Weltkrieg, man hatte sich mit den Bauern angefreundet (später mehr hierzu). Im Jahr 1941 kam mein Bruder Dieter auf die Welt, somit war die Familie weiter gewachsen, sehr zur Freude meiner Eltern.

Durch die Anfreundung meines Vaters mit dem Bauern der Familie Averbeck, die ebenfalls 2 Kinder hatten, 1 Jungen und 1 Mädchen, wurden wir eingeladen Urlaub auf dem Bauernhof zu machen. Das wurde dann auch von der Familie angenommen und wir fuhren mit dem Zug ins Oldenburger Land, das muss etwa im Jahr 1942 gewesen sein.

Wieder zu Hause gab es für mich ein neues Erlebnis. Immer an Sonntagvormittagen konnten wir aus unseren Fenstern das Marschieren der damaligen Hitlerjugend (ich glaube man nannte sie Pimpfe) beobachten, die mit Trommeln und Fanfaren zum Exerzieren auf dem Vorplatz der Schule Hohenstein (später Mädchengymnasium) antraten.

Mit 3 Jahren kam ich in den Kindergarten, der war in der Strasse zur Dörner Brücke, das Haus hatte den Namen Montania. Gegenüber befanden sich hier Grünlagen, zwischen der Straße Hohenstein und der Bogenstrasse war ein hoher Felsen zum Klettern. Nachdem mir mittlerweile auch mehr Haare auf dem Kopf wuchsen, welch eine Freude, ich bekam einen feuerroten Lockenkopf! Bläuken (Barmer Ausspruch), ein Barmer Jong.

Hans-Bernd, ca. 2 Jahre alt

Mein Vater

Beim Militär

Barmen, ein Flammenmeer

Der wohl schwärzeste Teil der Geschichte Deutschlands, der zweite Weltkrieg, der auch über den Stadtteil Wuppertal-Barmen hereinbrach, hatte ein nicht übersehbares Ausmaß mit sich gebracht.

Im März 1943, in der Zeit vor dem Bombenangriff auf Barmen, heulten mehrmals täglich die Sirenen. Dann mussten wir immer wieder in den Luftschutzkeller in unserem Hause gehen.

In der Nacht vom 29. auf den 30. Mai 1943, wieder heulten die Sirenen, wir gingen zunächst in den Luftschutzkeller, es waren die ersten Motorengeräusche der Flugzeuge zu hören. Dann fielen die ersten Bomben, es waren wohl Spreng-, Brand- oder Phosphorbomben, die abgeworfen wurden. Eine solche Bombe traf auch unser Haus, so dass der Dachstuhl und das ganze Haus in Flammen aufging. Es wurde beschlossen, den Keller und das Haus schnellstens zu verlassen, da sonst durch den Rauch und das Feuer, das sich ausbreitete, Leib und Leben gefährdet waren (Erstickungsgefahr).

Meine Mutter, erinnere ich mich, nahm mich an die Hand, mein Bruder, noch keine 2 Jahre, wurde von einer Nachbarin, Frau Pippel, auf den Arm genommen, dann rannten wir über die Straßen zur Schafbrücke, Carnaper Straße, Kuhler Bachstraße zum Luftschutzraum unter dem Landwehr-Platz am Steinweg. Die anderen 3 Bunker, einer auf dem Rott in der Großen Hakenstr., Ecke Kirschbaumstraße, einer auf dem Sedansberg an der Münzstraße, Ecke Möwenstraße und der dritte Bunker, ein Spitzbunker, auch Zuckerhut genannt, Heubruch, Ecke Viktorstraße. Gesprengt in den 60/70-Jahren. Die Wege zu den anderen Bunkern waren für uns zu weit.

Wir sahen, wie ganz Barmen von Feuerstürmen überzogen war, der Himmel feuerrot, ein einziges Flammenmeer, es roch überall nach Rauch, man sah nur noch Trümmer und ausgebrannte Gebäude, auf den Straßen glühte noch stellenweise der Asphalt. Als Barmer Junge habe ich das überlebt.

Auch meine Großeltern, die in der Bogenstraße wohnten, wurden ausgebombt.

Es gab eine Unterkunft in Wichlinghausen in der Normannenstraße, in der meine Mutter mit uns Kindern und den Großeltern unterkamen.

Im März 1945, bei dem Angriff auf Oberbarmen und Langerfeld wurden wir hier ein zweites mal ausgebombt, wir flohen in die Kirche Johann Baptist, die nur drei Häuser weiter stand, bei dem Angriff wurde die Kirche ebenfalls durch Brandbomben stark zerstört. Wir wurden danach evakuiert (dazu später mehr).

Mein Vater war in der Zeit des Bomben-Angriffs auf Barmen mit seinem Kommando aus Deutschland nach Narvik in Norwegen verlegt worden. Später war er zunächst in Gefangenschaft, da er aber einen Tag vor der Kapitulation noch unter ein Fahrzeug geriet und sich mehrere Verletzungen zugezogen hatte, wurde er 1945 aus dem Lazarett entlassen und kam als Kriegsverletzter zurück nach Wuppertal.

Die zwei Großfamilien

Opa Hermann Ising, Oberkellner,und seine Frau Katharina Ising, geb. Henzerling hatten acht Kinder 3 Jungen und 5 Mädchen.

Der älteste Sohn Hermann war Schuhmachermeister, verheiratet mit Helene Ising, geb. Jungblut. Sie ist die Einzige, die bei dem Bombenangriff auf Barmen ums Leben kam, sie hatten eine Tochter Marianne, meine älteste Cousine.

Sohn Erich war Teppichwebermeister, verheiratet mit Viktoria Ising, geb. Teck, vier Kinder: 1 Junge, Hans-Erich, 3 Mädchen, Anneliese, Renate und Margreth.

Sohn Artur war Postbeamter, verheiratet mit Luise Ising, geb. Riemenscheider, fünf Kinder: 1 Junge, Reinhold, 4 Mädchen Helga, Mechthild, Brigitte und Martina.

Die älteste Tochter Maria Ising, verheiratet mit Fritz Schröder, Bäcker und Konditormeister, 1 Sohn: Kurt.

Tochter Hildegard Ising, verheiratet mit Johannes Meyer, Bandwebermeister, drei Kinder: Hans-Bernd, Dieter und Wolfgang-Werner.

Tochter Käthe Ising, verheiratet mit Peter Beek, Postbeamter, zwei Mädchen: Rita, Regine.

Die Töchter Aenne Ising und Elisabeth Ising waren ledig und hatten keine Kinder.

Opa Otto Bernhard Meyer, Bandstuhlschreiner und seine Frau Clara Meyer, geb. Brünninghaus hatten sieben Kinder: 3 Jungen und 4 Mädchen.

Sohn Bernhard ist im ersten Weltkrieg gefallen.

Sohn Johannes Meyer war Bandwebermeister, verheiratet mit Hildegard Meyer, geb. Ising, 3 Kinder Hans-Bernd, Dieter, Wolfgang-Werner.

Sohn Kurt Meyer war Schreinermeister, verheiratet mit Grete Meyer, geb. Schumacher, 1 Tochter Christa.

Die älteste Tochter Wilhelmine-Klara Flachskamp, geb. Meyer war verheiratet mit Karl-Peter Flachskamp, keine Kinder.

Die Tochter Elfriede Bleibtreu, geb. Meyer war verheiratet mit Fritz Bleibtreu, Maurerpolier, keine Kinder.

Die Tochter Lina-Margarethe Flachskamp, geb. Meyer war verheiratet mit Werner Flachskamp, keine Kinder.

Die Tochter Elli Meyer, ledig, keine Kinder.

Großfamilie Meyer, Bleibtreu, Flachkamp. Weihnachten 1940

Goldene Hochzeit, Oma und Opa Ising, 1948

Goldene Hochzeit, Oma Katharina und Opa Hermann, links Rita, rechts Helga

Evakuierung, Nachkriegszeit

Nach den Kriegswirren musste man sich erst einmal wieder finden, was für meine Mutter mit zwei kleinen Kindern gar nicht so einfach war. Alles verloren, kein Dach über dem Kopf, kein Zuhause mehr und nicht wissen, wo hin. Mein Vater war noch nicht aus dem Krieg zurück, man wusste zunächst nicht wie es weitergehen sollte.

Es gab eine Zentrale Sammelstelle für Ausgebombte, ich kann zwar nicht mehr sagen, wo sich die befand, aber es war eine Vermittlungsstelle, wo man
sich zur Evakuierung melden konnte, das hat meine Mutter auch gemacht.

Es fand bald eine Evakuierung statt, wir wurden mit dem Zug nach Zerbst bei Magdeburg, heute Sachsen-Anhalt gebracht und kamen dort in eine Sammelunterkunft. Wir wurden von sehr netten Menschen in einer Wohnung untergebracht. So gegen Ende des Jahres 1944 hieß es, die Russen kommen, sie sind schon bis zur Oder im Osten vorgedrungen. Wir, die Evakuierten, sollten so schnell wie möglich Zerbst verlassen. Es gab einen Mann aus dem Bezirk, der sich an den verschiedensten Orten, dem Wald und der Gegend sehr gut auskannte (Schleuser für Ostflüchtlinge). Dieser Mann sollte uns bei einer Nacht- und Nebelaktion zurück über die Elbe bringen. Meine Mutter hat dann alles für den Rückzug aus Zerbst vorbereitet. Wir hatten einen hohen Kinderwagen mit Rädern von ca. 60 cm Durchmesser, mit dem ging es dann mit 3 bis 4 Familien Richtung Westen. Auch war schon der erste Schnee gefallen und es waren Minus-Themperaturen zu spüren. Aber es ist alles gut gegangen und wir sind dann irgendwie auch bald wieder in Wuppertal angekommen. Ich weiß das nur noch aus späteren Erzählungen von meiner Mutter.

Wir kamen dann in Barmen bei einem Bruder meiner Mutter, dem Erich, unter, die wohnten in dem Haus Montania, wo ich auch schon den Kindergarten besucht habe. Sie hatten eine größere Wohnung mit ihren drei Kindern und waren nicht ausgebombt. Also bekamen wir ein Zimmer, in dem wir vorübergehend untergebracht waren. 1945 kam auch mein Vater nach seiner Genesung aus dem Lazarett zurück nach Wuppertal, nun wurde das Zimmer für meine Familie zu klein, es musste was geschehen.

Mein Vater hatte noch eine Schwester, die Klara. Mit ihrem Mann hatten sie einen Garten an der Villa Foresta unterhalb des Schenkendorf-Sportplatzes. Hier stand eine Gartenlaube mit ca. zwischen 20-25 Quadratmetern und zwei Parzellen Gartenland mit etwa 10 x 30 Meter. Das sollte unsere Unterkunft für die nächste Zeit werden, die Nutzung des Gartens inbegriffen. Es gab keinen Strom und kein Wasser, wir hatten nur eine Petroleumslampe, Wasser konnte nur von einem Standrohr an der Grenze des Gartens entnommen werden.

Das sollte sich aber bald ändern, denn Fritz, der Mann von Elfriede, einer weiteren Schwester meines Vaters, war Mauerpolier bei der Firma Bemberg. Sofort hieß es, Ziegelsteine zu beschaffen, die wurden dann aus den Trümmern von leerstehenden, ausgebrannten Häusern besorgt. Fritz baute daraus einen Anbau, der später als Schlafraum für uns Kinder gedacht war. Auf dem Gartenland wurde Gemüse angebaut, Möhren, Erbsen, Bohnen, Salat, sowie Kartoffeln und Gewürzpflanzen. Zum Einkaufen gingen wir nach Heckinghausen, hier waren inzwischen schon wieder ein Konsum in der Kleestraße, Metzger, Bäcker und ein Milchladen in der Werlestraße angesiedelt. Ich erinnere mich aber auch an die Zeit, wo ich mehrere Stunden bei einem Bäcker in der Emilstraße anstand, nur um 1 Maisbrot zu bekommen. In der gleichen Straße befand sich auch noch ein Konsum mit Lebensmitteln, Drogerieartikeln und Haushaltswaren.

Mein Vater hatte mittlerweile auch wieder eine feste Arbeitstelle gefunden, und konnte in seinem Beruf als Bandweber bei der Firma Treude das erste Geld verdienen, ein erster Erfolg.

Zwei Parzellen neben unserem Grundstück stand schon ein Einfamilienhaus, hier wohnte die Familie Hausmann, die besaßen einen Stromanschluss, es konnte mit Genehmigung der Wuppertaler Stadtwerke ein Abzweig hergestellt und ein Zähler in unser Haus installiert werden, so dass wir Strom für Licht und zum Kochen hatten. Auch wurde eine Wasserleitung vom Wasserstandort bis ins Haus verlegt.

Mittlerweile hatte man sich mit mehreren Familien, die alle ihre Wohnungen oder Häuser verloren hatten, zusammen getan.

Da, wo heute die Gartensiedlung Villa Foresta ist, war nach dem Krieg ein Barackenlager, hier standen ca. 50 Holzbaracken für Mitarbeiter der damaligen Reichsbahn. Hier lernte ich auch meinen späteren Freund Alfred Theodor kennen; die Theodors waren Ostflüchtlinge, gebürtig aus Ostpreußen, sie hatten drei Kinder. Herr Theodor und Frau Theodor waren Pelznäher und sie Pelznäherin.

1945 feierten wir das erste Weihnachtsfest in unserer neuen Behausung. Es wurden keine großen Ansprüche gestellt, es gab warme Sachen, sowie Selbstgestricktes, unter anderem Wollstrümpfe, die gingen bis über die Oberschenkel und wurden mit einem Gummiband gehalten. Die Strümpfe für meinen Bruder und für mich waren so kratzig, dass wir sie nicht gerne tragen mochten. Sie wurden frühzeitig entsorgt.

Mein Vater hatte durch das Aufstellen einer Falle einen Hasen gefangen, das war dann der Weihnachtsbraten; in der schlechten Zeit gab es ja sonst nichts, worüber man sich freuen konnte.

Es folgten die kältesten Winter von 1945 bis 1948 mit viel Schnee und eisiger Kälte. In jedem Jahr um die 20 Grad Minus, so konnten wir Kinder Schlitten fahren von November bis in den März hinein. Wir kannten alle Wege vom Toelleturm bis ins Murmelbachtal oder in den oberen Barmer Anlagen. Es ging so mancher Schlitten dabei zu Bruch.

In unserer Laube stand ein Küchenherd, der sorgte nicht nur für Wärme, der war auch zum Kochen und Backen da, also brauchten wir auch Material zum Befeuern. Kohle gab es zu dem Zeitpunkt keine, so mussten wir Holz aus dem Wald sammeln, auch so mancher Baum wurde abgeholzt.

In der Laube gab es so manche Ritze, durch die es gewaltig zog, darum wurde überall nach Dämmmaterial gesucht, um uns vor der Kälte zu schützen.

In dem Anbau, wo wir Kinder schliefen, waren an der verputzten Wand sogar Eisblumen zu sehen.

Als Kinder durchstreiften wir auch in den Sommermonaten nach 1945 die Gegend um den Toelleturm, das ausgebrannte Luftkurhaus, sowie das Barmer Stadion auf Lichtscheid (heute Bereitschaftpolizei), wegen die Zerstörung wurde es Anfang der Fünfziger Jahre abgerissen. Aber auch in den Wäldern des Barmer Verschönerungsvereins war noch einiges in Trümmern, das Planetarium oder die Barmer Stadthalle (später BEK, heute ist der Wupperverband auf dem Gelände). Einige ausgebrannte Häuser und Villen waren für uns Kinder damals Spielplätze der besonderen Art.

In der Forestastrasse gab es auch eine Gaststätte, die „Villa Foresta". Sie gibt es heute noch. Der damalige Wirt mit Namen Harmsen und seine Frau waren sehr sozial eingestellt und gaben uns Kindern gerne mal Süßigkeiten und Getränke. So ab den 1950ziger Jahren fanden in dem Park, der zu dem Gelände der Gaststätte gehörte, auch die ersten Sommerfeste nach dem Krieg statt. Auch in dem Saal der Gaststätte wurden Treffen und Sitzungen durchgeführt, so auch vom Oberbarmer Turnerbund (OTB).

Der Sohn der Gastwirtin war etwas älter als wir Kinder, und war meines Wissens bei einem Architekten in der Lehre und lernte Architektur; zu seinem Abschluss gestaltete er im Haus der Gaststätte ein Jägerzimmer.

Sein Name war Roland Brus. Als ich 1953 in die Lehre kam, nahm er mich häufig mit seinem Motorrad mit, da ich noch kein Fahrrad hatte.

Ab dem Jahr 1946 gab es viele Ereignisse, das erste war, dass ich in die Schule kam (dazu später mehr).

Da ich katholisch getauft war, ging ich zur Erstkommunion, die Kirche in der das hätte stattfinden sollen war die Elisabeth-Kirche in der Hebbelstraße. Da war das Kirchenschiff aber noch zerstört, es stand nur der Turm. Also musste nach einem Ausweichquartier gesucht werden, so wurde die erste Kommunion in der Friedhofskapelle auf dem Norrenberg duchgeführt. Bis heute besteht noch immer Kontakt zum Kommunionskind und Schulfreund Willi Jürgensmeyer, heute mit seiner Frau Ines (Foto der damals kleinste unten links).

In den Schulferien im Sommer der Jahre 46 und 47 fuhr ich mit meiner Mutter mit dem Zug ins Oldenburger Land, wo wir vor dem Krieg Urlaub gemacht hatten. Es hieß hamstern, wir hatten Hosenträger, Sockenhalter,

Ärmelhalter, Gürtel und weitere Artikel, die mein Vater von seinem Chef zum Tauschen bei den Bauern gegen Kartoffeln, Fett, Schinken, Wurst, Eier mitgebracht hatte, wir waren dann so 4 bis 5 Tage unterwegs. Wir wurden überall herzlich aufgenommen und versorgt und konnten Gutes mit nach Hause bringen. Wovon die Familie eine ganze Zeit leben konnte.

Am 20. Juni 1948 kam die Währungsreform, es konnten 40 Reichsmark pro Bürger in 40 Deutsche Mark umgetauscht werden. Es begann das deutsche Wirtschaftswunder, man konnte plötzlich alles kaufen. Mit meinem Vater ging ich zum Umtausch, das Gebäude war eine alte Villa am Grillparzerweg, Ecke Heckinghauser Straße. Heute eine Kindertagesstätte.

Das Jahr 1949 brachte ein weiteres schönes Ereignis. Die Familie bekam Zuwachs, im April wurde mein Bruder Wolfgang-Werner geboren, nun war die Familie zu fünft, und die Behausung wurde langsam zu klein. Es sollte aber noch eine Zeit dauern, und zwar bis ins Jahr 1954.

Meine Mutter traf dann einen alten Schulkameraden, den Fritz Müller, dem hat sie dann unser Problem mit dem Wohnen geschildert. Darauf sagte der Fritz wörtlich zu meiner Mutter Hildchen (meine Mutter hieß Hildegard): wir bauen gerade Häuser auf dem Rott, wenn die fertig sind, bekommst du eine Wohnung. Die Brüder Fritz und Hans betrieben mit ihrem Vater die Firma F.W. Müller, Lüftung, Heizung und Sanitärinstallationen. Die Häuser wurden dann auch im Jahr 1954 fertig gestellt und wir zogen dann im Sommer 1954 in die Bogenstrasse 73. Fritz und sein Bruder Hans hatten Wort gehalten, und so bekamen wir eine 3 Zimmerwohnung auf dem Rott.

In die alte Behausung mit dem gesamten Gartengrundstück zog dann meine Cousine Marianne mit ihrem Mann Walter und dem ersten Kind. Ihr Mann kam aus der DDR und war gelernter Maurer von Beruf. Er hat später ein Einfamilienhaus am Falkenberg gebaut.

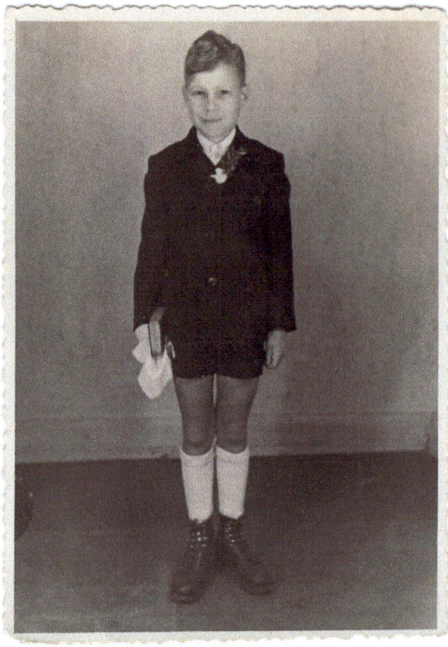

Meine erste Kommunion

Friedhofskapelle Norrenberg, 1946

Bernd, Dieter und Wolfgang-Werner

Meine Eltern

Großeltern Hildegard und Johannes

Schulzeit und später

Durch den Krieg wurden viele Schulen in Barmen zerstört, so konnten die ersten Schulen erst 1946 den Schulbetrieb wieder aufnehmen.

Im März 1946 wurde ich acht Jahre und kam so am 1. April 1946 in die Schule. Auf Heckinghausen waren von 4 Schulen 3 zerstört, Kleestraße, Krautstraße und Meyerstraße, so war die einzige Schule, die betriebsfähig war, die Volksschule an der Rübenstraße, Ecke Ackerstraße. In die wurde ich dann eingeschult.

In der 1. und 2. Klasse war Frau Kotthaus die Lehrerin. Bei ihr lernte ich lesen, schreiben, rechnen und Gesang. Immer wieder wurde ich wegen meiner roten Haare gehänselt mit Bleuken (Barmer Ausspruch) oder *wenn de blau nach Hause kommt, dann ist die Mutter froh, dann brauch sie kein Petroleum mehr, de blau de leuchtet so* (Lied).

Dann habe ich die 3. Klasse übersprungen und kam in die 4. Klasse zum Lehrer Hagemann, hier wurden die gleichen Fächer weiter gelehrt. Dann wurde der Lehrer Hagemann in den Ruhestand verabschiedet.

Die 5. und 6. Klasse absolvierte ich mittlerweile bei der Lehrerin Frau Berndt, das war eine sehr feinfühlige Lehrerin. Sie ging auf die inzwischen herangewachsenen Jugendlichen ganz hervorragend ein, was sich im Lernprozess widerspiegelte.

Dann wechselte ich in die 7. Klasse zu dem Lehrer Grensing, der schulte neben den klassischen Fächern auch Erdkunde, Leichtathletik, Schwimmen und Wandern, was zu diesem Zeitpunkt viel Spaß machte.

In der Zeit von 1950 bis 1952 wurde das Wahrzeichen von Heckinghausen, der Gaskessel gebaut. Die Schule liegt nur etwa 200 Meter Luftlinie vom Gaskessel entfernt, noch heute hat man das Dröhnen der Niethammer in den Ohren.

Da die Schule Rübenstraße nur 8 Klassenräume hatte und immer mehr Schulraum gebraucht wurde, zogen wir in die Schule Meyerstraße, die war ausgebrannt und wieder hergerichtet, so dass hier mehrere Schulklassen

4. oder 5. Klasse, etwa 1950/51

Klasse 7, mit Lehrer Gensing

untergebracht werden konnten. Die 8. Klasse verbrachten wir dann in der Schule Meyerstraße bei dem Lehrer Kramer, der auch gleichzeitig der Rektor von beiden Schulen war. Nach dem ich 1946 eingeschult wurde, war im März 1953 meine Schulzeit beendet.

Später nach der Schulzeit

Nach 35 Jahren gab es ein erstes Klassentreffen, in der Gaststätte Landsknecht in Heckinghausen. Organisiert wurde das durch den Klassenkameraden Kurt Hummel. Allein die Namen und Wohnorte der inzwischen verheirateten Mädchen, aber auch der Jungen heraus zu finden ist eine reine Herkulesaufgabe. Aber nun gibt es Listen, auf die man für weitere Treffen zurückgreifen kann und die es leichter machen. Beim 1. Treffen im September 1988 kamen 17 Mädchen und 15 Jungen aus der Abschlussklasse von 1953 zusammen.

Nach 40 Jahren wurde im Oktober 1993 eine Fahrt mit dem Kaiserwagen der Schwebebahn gemacht, es hatten sich 35 ehemalige Schülerinnen und Schüler eingefunden, anschließend ging es in den Landsknecht zum gemütlichen Beisammensein mit Essen und Trinken. Auch nach 45 Jahren, im Oktober 1998, traf man sich mit bis zu 30 ehemaligen Schülerinnen und Schüler in der Gaststätte Landsknecht.

Zum Treffen nach 50 Jahren ging es mit 20 Schülern im September 2003 zur Feier des 50jährigen Jubiläums zunächst mit dem Reisebus nach Koblenz, da ging es an Bord des Schiffes „Wappen von Mainz“ dann geht die Fahrt auf den Rhein über Boppard und Oberwesel nach Kaub und zurück mit dem Bus nach Wuppertal. Der Abschluss fand dann in der Gaststätte Landsknecht statt. Wo alte Fotos und Geschichten sowie weitere Dönekes ausgetauscht wurden, weitere Treffen sollten folgen, da schon einige mittlerweile das Rentenalter erreicht hatten und so mehr freie Zeit haben, sind auch weiter Treffen möglich.

Ab 2005 hatte ich die Organisation für weitere Treffen übernommen. Eine erste Fahrt ging dann im Oktober 2006 mit 20 Schüler-/innen nach

Königswinter und mit der Bergbahn auf den Drachenfels, wir konnten die herrliche Aussicht über das Rheintal bis Honnef und nach Bonn genießen, wer wollte, konnte auch zu Fuß vorbei an Schloss Drachenburg zurück nach Königswinter gehen. Anschließend wurde im alten Brauhaus in Königswinter zu Mittag gegessen. Nach einem Gang durch die Stadt wurde mit dem Reisebus, der von der Firma Sippl aus Ennepetal kam, die Rückreise angetreten. Mit dem Unternehmen sollten wir noch weitere Fahrten machen.

Im November 2007 trafen wir uns dann wieder zu einem Martinsessen in dem Restaurant Berghof; hier wurde beschlossen, 2008 wieder eine Fahrt zu unternehmen.

55 Jahre nach unserer Schulentlassung wurde 2008 wieder eine Klassenfahrt mit 25 Schüler-/innen und dem Reiseunternehmen Winkler durchgeführt, der Bus hieß „Der Radevormwalder" die Fahrt ging an den Biggesee ins Sauerland. Die Schiffspassage auf dem Biggesee mit der MS „Westfalen" hat viel Spaß gemacht, anschließend wurde vorzüglich gegessen im Restaurant und Cafe Seeterrassen, nach einem Rundgang ging die Fahrt zurück nach Heckinghausen. Mittlerweile sind wir schon eine kleine Reisegruppe in fast immer der gleichen Besetzung zwischen 20 und 25 Personen.

2009 wurde eine Fahrt im September mit 28 ehemaligen Schüler-/innen nach Cochem an der Mosel gemacht. Es ging schon früh morgens los, da wir eine weite Strecke vor uns hatten. Zu dieser Fahrt kam der Reisebus von der Firma Sippl. In Cochem angekommen wurde zunächst der frische Wein, sprich Federweiser probiert, der schmeckte ganz gut. Dann kehrten wir in das Restaurant & Weinstuben Burg Hotel ein, auf der Terrasse war der Blick frei auf die Mosel. Die gute Küche des Hauses wusste seine Gäste zu verwöhnen. Danach fuhren wir mit der MS Moselland die Mosel aufwärts Richtung Trier bis etwa Bullay. Dann wurde es Zeit, die Heimfahrt anzutreten. Bis zum nächsten Mal.

2010 machten noch einmal 18 Schüler-/innen einen Tagesausflug auf Einladung vom Mitglied des Landtages Andreas Bialas, nach Düsseldorf zum Landtag, diesmal war der Reiseunternehmer Wetter mit einem Bus für uns da. Wir bekamen im Landtag zunächst ein Frühstück, bevor es zur

Westdeutsche Zeitung, Mittwoch, 8. September 1993 GA 12 Wupp

Klassentreffen nach vierzig Jahren

Ostern 1953 wurden die Teilnehmer dieses Klassentreffens aus der damaligen Volksschule Meyerstraße in Heckinghausen entlassen. Nach 40 Jahren traf man sich nun zu einer Fahrt mit dem Kaiserwagen, um Erinnerungen auszutauschen.

WZ-Foto: Thomas Huhn

Meldung in der WZ

Zur Erinnerung an den Besuch im Landtag Nordrhein-Westfalen.

Besichtigung in den Plenarsaal ging, der leer war, es wurde noch ein Erinnerungsfoto gemacht, das war es dann. Später spazierten wir am Rhein entlang zur Düsseldorfer Altstadt, hier wurde in einem Steakhaus „EL LAZO" eine Mittagspause eingelegt. Das fand im Juli 2010 statt. Am Nachmittag machten wir dann noch eine Schifffahrt auf dem Rhein mit der „Weißen Flotte" nach Kaiserswerth und zurück. Dann holte uns der Bus ab zur Heimfahrt.

2011 im August machte sich die Reisegruppe mit 15 Personen auf zu einem Besuch in das Heilbad Bad Sassendorf, die Gruppe ist kleiner geworden, aber ein 19er Clubbus der Firma Sippl konnte noch geordert werden. Es sollte Badezeug mitgenommen werden, um das Thermalbad zu besuchen, was dann auch einige nutzten. Andere gingen in den Ort, um Souvenirs zu kaufen. Da wir schönes Wetter hatten, konnten wir gut draußen im Kurparkrestaurant „Schnitter Hof" gastieren. Es wurde noch ein Besuch zu der Saline gemacht, das war sehr eindrucksvoll, wenn man das Wasser durch das Reisig rauschen hört. So ging ein schöner Tag zu Ende und alle freuten sich schon auf die nächste Fahrt, dann wurde die Rückreise angetreten.

Dann stand das nächste Jubiläum an: 60 Jahre nach der Schulentlassung im Jahr 2013, so fanden gleich 3 Events statt. Im März trafen sich 18 ehemalige Schüler-/innen im „Restaurant Futterplatz" zu einem Osteressen. Im Juli waren es immerhin 15 Schüler-/innen, die sich trafen und eine Bustour ins Oberbergische mit dem Ziel „NÜMBRECHT" zu machen. Es fuhr uns das bekannte Reiseunternehmen Sippl. Leider konnten wir das „Schloss Nümbrecht" nicht besuchen, da Renovierungsarbeiten durchgeführt wurden. So ging es in den Schlosspark mit seinem einmaligen „SÄULENBRUNNEN". Bei schönstem Wetter konnte die Außengastronomie des Parkhotels Nümbrecht direkt am Kurpark in Anspruch genommen werden. Auf der Heimfahrt wurde schon der nächste Termin festgelegt. Treffen Nr. 3 fand dann wieder in Wuppertal statt, im November in dem bekannten „Restaurant Futterplatz". Mit einem Martinsessen wurde das Jahr des Jubiläums abgeschlossen.

Im Mai 2014 kam ein weiteres Klassentreffen zustande, diesmal fuhren wir das erste Mal mit 5 PKWs, ein Bus wäre zu teuer gewesen, die Strecke zu kurz.

Wieder auf Klassenfahrt

Nach 50 Jahren erneut gemeinsam an Bord

Entlassungsfoto von 1953

Nach 50 Jahren auf dem Schiff »Wappen von Mainz«

15 Leute hatten sich angemeldet und es ging ins Niederbergische Museum nach Wülfrath zur Bergischen Kaffeetafel mit Dröppelmina, anschließend gab es eine Filmvorführung zur Kulturgeschichte des Bergischen Landes. Nach der Rückfahrt kehrten wir noch bei herrlichem Sommerwetter in den Rainbow Sportpark in Wuppertal-Barmen ein, um einen Abschluss zu machen.

In 2015 trafen wir uns 2-mal: im Juli fuhren wir an den Baldeneysee, es sollte zunächst eine Schifffahrt auf dem See stattfinden, da das Schiff aber erst später abfuhr, kehrten wir in ein Restaurant unterhalb der Villa Hügel, dem Stammsitz der Familie Krupp ein. Nachdem dann die Schifffahrt durchgeführt wurde, fuhren wir mit den PKWs weiter in das Restaurant und Cafe „Schwarze Lene“ (heute „Chicago“), von hier hat man einen Blick über weite Teile des Baldeneysees. Von da ging es zurück nach Wuppertal. Das 2te Treffen fand dann im Herbst mit 14 Schüler-/innen zu einem Adventsessen in dem Restaurant „MARGRÄFLER Stuben“ statt.

2017 im April besuchten wir mit 13 Personen die Gaststätte „HELLAS GRILL“ in Barmen. Mittlerweile schrumpft unsere Gruppe, da einige Schüler-/innen nicht mehr unter uns sind, das ist altersbedingt leider der normale Lauf.

2019 kamen noch einmal 13 Schüler-/innen zusammen, um mal einen Blick reinzuwerfen in den umgebauten Gaskessel, das Wahrzeichen von Heckinghausen und das italienische „RESTAURANT APOSTO“ zu genießen; man hat ja immer noch die Hammerschläge aus der Bauzeit von 1950 in den Ohren.

Erst 2021, an einem schönen warmen Sommertag im Augst konnten wir uns wiedersehen, durch die Corona-Pandemie war es vorher nicht möglich. Immerhin waren wir 5 Jungen und 4 Mädchen, die der Einladung gefolgt waren. Es war ein schöner Tag in der Außenanlage des Restaurants „ZUR ALTEN BERGBAHN“.

Wir hofften auf weitere Zusammenkünfte, wenn die Zeit es zulässt. Ein besonderer Dank gilt auch der Kollegin Ingrid Felka, die sich stets um die Einladung der Mädchen kümmert.

2023 ist die Schulentlassung 70 Jahre her, und das feiern wir im Restaurant „WINDRATHER HOF“ in Velbert-Neviges.

Es sind noch ca. 10 Mädchen Ingrid, Doris, Annemarie, Rosemarie, Waltraud, Liselotte, Ursula, Christa, Dorit, Ortrud, und Anita, die noch leben. Bei den Jungen sind es noch ca. 10, wovon 6 noch immer dabei sein können Peter, Werner, H. Bernd, Heinz, Paul Gerhard, und Karl Heinz.

Fahrt an den Biggesse

Federweißer trinken in Cochem an der Mosel

Schulausflüge und Treffen

2003 Koblenz – Loreley mit Bus und Schiff

2006 Drachenfels mit Bus

2008 Biggesee mit Bus und Schiff

2009 Cochem an der Mosel mit Bus

2010 NRW-Landtag und Altstadt Düsseldorf

2011 Bad Sassendorf mit Bus

2013 Nümbrecht mit Bus, 60-Jahrfeier im Restaurant Futterplatz

2014 Niederbergisches Museum Wülfrath mit Kaffeetafel

2015 Baldeneysee und Restaurant Schwarze Lene mit Bus

2016 Markgräfler Stuben, Wuppertal-Barmen

2017 Gaststätte Hellas-Grill, Wuppertal-Barmen

2018 Restaurant Rainbow-Park, Wuppertal-Barmen

2019 Gaskessel, Wuppertal-Heckinghausen

2021 Restaurant Zur Alten Bergbahn, Hochbarmen

2023 Restaurant Windrather Hof, Velbert-Neviges zur 70-Jahrfeier der Schulentlassung

Blühendes Barmen

In den 50er und 60er Jahren blühte die Innenstadt von Barmen nach dem Zweiten Weltkrieg regelrecht auf. Es wurde geräumt, gebaut und es entstand Neues, alte und neue Geschäfte, sowie die gesamte neue Infrastruktur bestimmten das Bild in Barmen. Die Straße Werth und auch die Nebenstraßen in Barmen verspürten einen kräftigen Aufschwung, es entstand neues Leben.

Vom Alten Markt über den Werth bis zur Straße Rolingswerth/Heubruch, auf der linken Seite des unteren Werth wurde das Kaufhaus Bilka gebaut, dann gab es in Barmen „1. Brüssermann Feinkost", daneben das „Fischgeschäft Paul Hirschmüller", später „Lebensmittel Rolf Homberg", dann „Schuhhaus Sudhoff", später Roland Herrenschuhe, daneben „Optik & Brillen Brink" und der „Juwelier Brune", an der Ecke Werth/ Heubruch war das „Cafe Bouhon."

Vom Alten Markt auf der rechten Seite befanden sich die Geschäfte „Bäckerei Dahlmann", „Uhren Stolz", „Radio Kirchner", „Textilhaus Finkensieper", dann kam „Anton (Toni) Holtmann", er hatte zunächst einen Stand mit Kaffee, später baute er die Kaffeerösterei auf (heute Tchibo).

Im alten Gebäude der Stadtsparkasse befand sich das "Elektro- und Lampengeschäft Jäger", hier arbeitete der in Barmen bekannte Stadtelektriker Julius Lange mit seiner Frau Brigitte, Freunde der Familie Schmidt-Brink. Das war der untere Werth.

Vom Rolingswerth bis zur Lindenstraße: das Mode- und Textilgeschäft „Haschi Hans Schirp" (Inh. Ursula Petzolt), an der Ecke Lindenstraße das „Foto-Haus u. Rathaus-Drogerie Emil Jansen" (Inh. Frank Hielscher 2021, 90 Jahre alt).

In der Kleinen Flurstraße war die Badeanstalt (heute Brauhaus), in der tausende von Kindern und Erwachsenen schwimmen gelernt haben. Auch ein Wannenbad gab es.

Das Gesellschaftshaus Concordia

Die Concordia als Gesellschaft wurde 1801 gegründet, die Gründer waren junge Männer des gehobenen Bürgertums Barmens, sie wollten einen Treffpunkt haben, um sich nach der Arbeit des Tages miteinander austauschen zukönnen, sie waren die ersten Mitglieder der Gesellschaft Concordia. Es gab auch prominente Barmer, wie Ferdinand Freiligrath, Friedriche Engels, der Verleger Friedrich Staats, die zu Gast waren.

Heute stehen die Räumlichkeiten in dem Gebäudekomplex für Events jeglicher Art zur Verfügung, für Vorträge, Empfänge, Konzerte oder Hochzeiten. Meine Cousine Christa und ihr Mann Jürgen Hahne hatten das Vergnügen, ihre Hochzeittafel hier zu erleben.

Des weiteren befanden sich in dem Gebäudekomplex mehrere Einzelhändler, zum Beispiel das 2.te „Feinkostfachgeschäft Fritz Fischer“in der Lindenstraße mit der Stadtküche, wo mittags Leute aus der Verwaltung essen gingen.

Die Concordia

Ein Fräulein Schenk war eine Auszubildende zur Kauffrau. (dazu später mehr) auch das Kino „Fita Palast“ war in der Lindenstraße, anfangs auch mit Varieté- Veranstaltungen.

„Lederwaren Kurt Pretschner“, der betrieb auch das Kino „Fita-Palast“ sowie 2 weitere Kinos, das „Europa“ und das „Regina“ am Alten Markt. „Bilder Brinkmann“ auf der rechten Seite, „Schuhhaus Götze“ und „Schreibwaren Höhfeld“ auf der linken Seite, wenn man vor dem Gebäude steht. In der Concordienstraße war das „Speiserestaurant Siechen-Diessner“(heute Donaustuben).

Alter Markt um 1960

Die Straße Werth

Die Barmer Innenstadt um 1960

Alle Einzelhändler auf dem Werth vom Rathaus zur Berliner Straße/Ecke Bachstraße

Linke Seite „Blumen Weißthanner", „Möbelhaus Diller", „Damen Oberbekleidung Obach", „Die Kaufhalle". Dann kommen die klassizistischen Häuser, die vom Krieg weitgehend verschont blieben. Das „Rundfunk und Fernsehgeschäft Horst Schwiebert", das „Speiserestaurant Edgeton", eine Filiale der „Commerzbank", der erste italienische Eissalon „Zampolli", die „Bäckerei u. Konditorei Schwarz", „Kinderboutiqe Knaben u. Mädchen Carl d`Avoine",die „Buchhandlung Köndgen", „Porzellangeschäft RobertBerns" „Lebensmittel Schlaag",„Juwelier Detering", „Optiker Windgassen", die „Drogerie Lauer", „Herren Bekleidung Artmeier", später Müller Wipperfürth. Schneidermeister Alfons Müller fertigte in einer alten Bombenfabrik in Wipperfürth Herrenmode, Anzüge und Hosen für Bahn und Post (Hosenkönig), sein Nachname hieß nun Müller-Wipperfürth. Er verkaufte seine Ware zu Dumpingpreisen in über 50 Filialen bundesweit, schon 1948 produzierte er 1000 Anzüge täglich. Mitte der achtzigerJahre verschwand das Unternehmen vom Markt.
Ecke Werth/Bachstasse „Küchen und Hausgeräte Paul Sträter."

Alle Einzelhändler auf dem Werth von der Concordienstraße bis zur Berliner Straße/Ecke Höhne

Rechte Seite „Woolworth" (heute Mayersche Buchhandlung), „Herrenmode Klaus Ressel", der „Juwelier Bäumer", „Schreibwaren Röder", die „Dresdner Bank"(heute Starelektronik), das" Haus der Jugend"(hieß früher Ruhmeshalle, Geschwister-Scholl-Platz gab es nicht), „C & A Brenninkmeyer", „Damenmoden Schuster", an der Ecke Rudolf Herzogstrasse war „Strickmoden Wolljäger“ (die Firma Wolljäger Carl Jäger war in der Obere Sehlhofstr.), das Schallplattengeschäft „Bodo Bochnig“, in einem alten Fabrikgebäude am Ende des Werth, Ecke Höhne war die Firma „Auto Merkur“ vor dem Umzug in den Neubau.

Nach dem Umbau der Strasse Höhne B7 wurde das Meckenstockhaus gebaut, wo heute „Uhren Meckenstock“ und das erste jugoslawische „Restaurant Dalmatia“ einzogen.

Bis Anfang der sechziger Jahre fuhren noch zwei Straßenbahnlinien durch den Werth, danach nur noch Autoverkehr, bis Mitte der sechziger Jahre. Zwischenzeitlich wurde die Höhne 4-spurig ausgebaut, die Straßenbahnen bekamen einen eigenen Bahnkörper von der Wertherbrücke bis zum Alten Markt. 1951 war der Baubeginn in mehreren Bauabschnitten, 1953 dann die Verkehrsfreigabe.

Der Werth wurde bis Ende der 60er- zur Fußgängerzone

Aber auch die Neben- und Seitenstraßen rund um den Werth hatten viele Geschäfte; die Zwinglistraße, das „Fischrestaurant Hirschmüller“, die Gaststätte „Zum Rathaus“ mit der Familie Battenstein, das „Blumengeschäft Clever“; in der Straße Heubruch die Traditionsgaststätte „Spies im Heubruch“, das 3. Feinkostfachgeschäft „von Kraft“ und „Cafe Bouhon“

An der Schuchardstraße das „Schallplattengeschäft Karl vom Kothen“, Karl hatte den ersten PKW der Marke Volvo als Coupé. Gegenüber war die erste „Spielhölle“ in einer Baracke der Firma „Eicker & Steden“ die erste Wurlitzer Musikbox, mit Platten von „Bill Haley“ und weitere. An der Ecke Rolingswerth war das „Bürohaus Vetter“, im alten Sparkassengebäude „Stoffe Rosenthal“, das „Cafe Nachtsheim“ und „Haschi“(Hans Schirp) und die Kneipe „Tienes Passage“ (Genickschussbar), „Cafe & Konditorei Wolfgang Best“.

In der Straße Werther Hof öffnete 1963 die „Gaststätte PINGUIN“ Inh. Hermann Bartsch. Der war der Gitarist bei der Gesangsgruppe „Die Pinguine“. Eine weitere Straße ist der Kleine Werth, hier befindet sich das „Pelzgeschäft

Howarde“ und dem gegenüber die Firma „Kuhl & Jungbluth“, Eisenwaren und Schlösser aller Art.

Rund um den Alten Markt in der Mitte die Verkehrsinsel, wo an beiden Seiten Haltestellen der Straßenbahnen waren. Am Kopf mit Blick auf den Werth, Unterdörnen und Steinweg stand eine rotweiß-gestreifte Tonne, in der ein Polizist stand und den Verkehr regelte. Die Polizisten, die abwechselnd Dienst hatten, waren Herr Hedtfeld, der auch Wasserballer war und mit SSF BARMEN 1947,49,50 und 51 viermal Deutscher Wasserballmeister wurde. Herr Rosenkranz war der zweite Polizist.

Es gab auch Geschäfte: im Jugendstilhaus „Drogerie und Foto Lange“, das „Reisebüro Dahl“, das „Cafe Barmer Hof“, das „Kino Alhambra“, neben der Wupper rechts in einer Baracke das „Lokal Bretterbude“ von Familie Sauerbier, die später das Speiselokal „Em Ollen Matt“ (heute Dierichshaus) betrieb (kleines Bier 0,35 DM). Gaststätten und Kneipen schossen wie Pilze aus dem Boden: der „Große Garnkasten Familie Engemann“, der „Kleine Garnkasten Familie Linz“, die „Kneipe Pädsgemarke“, „die Brückenschenke“, „Onkel Ludwig“, wo die Postler verkehrten.

In der Höhne wurde neben der Brückenschenke das Kino „Lichtburg“ gebaut.Weiter entstand das erste Jazzlokal in Barmen, das „bohème“, hier wurde die erste Jazzformation, die „Blue Note Juniors“ von ihrem Bandleader Lothar Schnell aus der Taufe gehoben. Das „Weinlokal Romantika“, gleich nebenan die „Metzgerei Neuber“. Es entstanden Neubauten wie „Büroartikel Röth“, das „Textilhaus Erwin Drees“ der Neubau „Auto Merkur“ mit der ersten Parkhausgarage und einer Shell Tankstelle.

Die vielen Lokale und Kneipen mussten natürlich auch mit Bier versorgt werden und so gab es im Tal zahlreiche Brauereien, die größte „Wicküler-Küpper“mit dem Werbespruch „MÄNNER WIE WIR WICKÜLER BIER“, die „Bremme Brauerei“warb mit 3 BBB „BREMME BRÄU BARMEN,“.

Es folgten die „Adler-Brauerei Gustav Dierichs“ die„Tienes Brauerei“im Klingelholl, die beiden Brauereien „Waldschloss“ und „Feldschloss“ in der Märkischen Straße 2; weitere Brauereien waren in Oberbarmen die kleine „Brauerei Höfenquell“ und in Elberfeld die „Bauerei Gesenberg“.

Neben den schon erwähnten Kinos „FITA PALAST“, „EUROPA“, „REGINA“ und „LICHTBURG“ gab es noch weitere Kinos in Oberbarmen. Das „MODERNE“, wo ich meinen ersten Film „Don Camillo und Peppone“ sehen durfte. Das Kino „STERN“ in der Sternstraße, hier wurden in erster Linie „Zorro“ und Westernfilme gezeigt (Eintritt 0,50 DM), nicht zu vergessen der „ODIN PALAST“, hier gab es vor jeder Filmvorführung Musik mit Hans (Hänsken) Schäfer an der „HAMMOND ORGEL“.

Das Rathaus

Das RATHAUS hieß nach seiner Erbauung zunächst „BARMER RATHAUS“, 1929 wurde es RATHAUS für die Großstadt Wuppertal.

Im 2. Weltkrieg wurde es durch Luftangriffe zerstört. Der Wiederaufbau ging bis in die späten Fünfziger Jahre. 2006 wurde der Rathausvorplatz in „JOHANNES-RAU-PLATZ“ umbenannt, nach dem früheren Oberbürgermeister der Stadt Wuppertal, Ministerpräsident von Nordrhein-Westfalen, Bundespräsident der Bundesrepublik Deutschland.

In den beiden Seitenflügeln und in den Pavillons waren in den 50er und 60er Jahren Einzel- und Großhandelsunternehmen untergebracht. Im linken hinteren Rathausflügel „Jagd & Waffen Schäfer“, Inh. in 4. Generation Dieter Kromberg, vorne links „Eisdiele Croci“, im rechten hinteren Rathausflügel „Elektrogroßhandel Helmut Bohne“ (heute Polizei). Vorne rechts „Porzellanwaren Sticher“. In den beiden Pavillons links „Strumpf Seidel“ und „Friseur Brückner“, rechts das „Hutgeschäft Eilath“ und „Parfümerie Irmer“. Warum diese beiden Pavillons am damaligen Rathausvorplatz abgerissen wurden, weiß bis heute kein Mensch.

Der Rathausvorplatz ist heute mit Quadratmeter großen Seinplatten auch Stolpersteine genannt, sowie mit kleinen Pflastersteinen versehen, die kein schönes Gesamtbild abgeben. Man kann hier nicht von Historie sprechen.

23. Mai1908 Grundsteinlegung mit Kronprinz WILHELM anlässlich des hundertjährigen Stadtjubiläums.

August 1913 Faktischer Baubeginn des Rathauses.

25. April 1921 Einweihung als Rathaus der Großstadt Wuppertal (Baukosten 3,5 Millionen Reichsmark)

1. August1929 Das Barmer Rathaus wird zum Rathaus der neuen Großstadt WUPPERTAL

30. Mai 1943 Zerstörungen durch die Luftangriffe im 2. Weltkrieg.

1948– 1959 Wiederaufbau (Baukosten 6,5 Millionen DM)

30. September 1958 Erster Tagungsort für den Rat der Stadt Wuppertal

1. Mai 2006 Der Rathausvorplatz wurde umbenannt in JOHANNES-RAU -PLATZ

Ehemaliger Oberbürgermeister der Stadt Wuppertal 1969-1970

Ministerpräsident des Landes Nord-Rhein-Westfalen 1978-1098

Bundespräsident der Bundesrepublik Deutschland 1999-2004

Barmer Rathaus vor dem 2. Weltkrieg

Barmer Rathaus 2022

Straßenbahn, Obusnetz in Barmen

So weit ich mich erinnern kann, gab es in den 50er & 60er-Jahren sechs Straßenbahnlinien:
2 Zusatzlinien, 4 Obuslinien, 1 Bergbahnlinie und eine Kohlenbahnlinie in Barmen und Oberbarmen. Das waren die Straßenbahnlinien 1, 2, 4, 6, 8, 11.

Die Linie 1 fuhr von der Weiherstraße über Wichlinghauser Markt, Werther Brücke durch den Werth, Alter Markt, Friedrich-Engels-Allee, Elberfeld, Sonnborn. Später Weiherstraße, Alter Markt, Elberfeld, Zoo-Stadion.

Die Linie 2 fuhr anfangs vom Barmer Krankenhaus über Alter Markt, Klingelholl, Weiherstraße, Hottenstein, Haßlinghausen, Hiddinghausen und zurück.
Später nur noch bis Hottenstein, Silberkuhle.

Die Linie 4 fuhr vom Wichlinghauser Markt über Wupperfeld, Brändströmstraße, Forsthaus, Toelleturm und zurück.

Die Linie 6 fuhr von der Lenneper Sraße über Brändströmstr, Alter Markt, Bromberger Straße, Winchenbachstraße, Hatzfeld und zurück.

Die Linie 8 fuhr vom Bahnhof Barmen über Werlestraße, Langerfelder Markt, Schwelm-Markt, Ennepetal–Milspe und zurück.

Die Linie 11 fuhr Weiherstraße, Bfh.Oberbarmen, Werther Brücke, Alter Markt, Loher Straße, Elberfeld, Tannenbergstraße, Gabelpunkt und zurück.

MAI 1987 EINSTELLUNG ALLER STRAßENBAHNLINIEN IN WUPPERTAL

Die OBUS-Linien fuhren nur in der Mitte Barmens über Oberbarmen und den südlichen und östlichen Stadtteilen.

Die Linie 10 B fuhr vom Bahnhof Barmen über Wupperfeld, Forsthaus, Toelleturm, Lichtscheid, Ronsdorf-Parkstr, Ronsdorf-Stadtbahnhof.

Die Linie 10 W fuhr vom Wichlinghauser Markt über Wichlinghauser Straße, Wupperfeld, Freiligrathstraße, Forsthaus, Toelleturm.

Die Linie 16 fuhr vom Wichlinghauser Markt über Bahnhof Oberbarmen, Laaken, Kemna, Beyenburg.

Die Linie 24 fuhr von der Schellenbeck-Dellbusch über Wichlinghauser Straße, Bahnhof Oberbarmen, Jesinghausen, Dieselstraße.

Ende der 60er Jahre wurde der Obusbetrieb in Wuppertal eingestellt.

Linie 2 Schönebecker Straße

Linie 4 Brändströmstraße

Linie 6 Carnaper Straße/Bromberger Straße

Linie 1 Friedrich-Ebert-Straße

Linie 8 Werléstraße

Linie 11 Weiherstraße

Es gab auch noch eine so genannte „Kohlen- und Kesselbahn“ zur Versorgung des „Heizkraftwerkes“ am Clef mit Kohle zur Stromerzeugung. Die Kesselwagen waren für die Industriefirmen „Dr. Kurt Herberts Lackfabrik“ „Siller & Jamart Kesselbau“ und „Stahlbau Joest“.

Eine Linie fuhr vom Schlachthofbahnhof (heutiges Gelände der WSW) über die Canaper Straße, Steinweg, Verkehrsdrehscheibe am Alten Markt bis zum Heizkraftwerk am Clef mit 3 mit Kohlen befüllten Wagen.

Die zweite Linie fuhr vom Schlachthofbahnhof über die Schützenstraße und Winchenbachstraße hinauf über die Nordhöhen zu den Industriefirmen mit Kesseln und offenen und geschlossenen Güterwagen.

Die Loks waren die 608 und 609, genannt „Dicke Berta“. Die Züge verkehrten bis 1963, dann wurden die mit Kohle befüllten Linien eingestellt.

Obus Wichlinghauser Straße

Dicke Berta

Dicke Berta mit Kohlenwagen

Barmer Bergbahn

Die Barmer Bergbahn war die erste elektrische Zahnradbahn Deutschlands. Hersteller waren die Fima Siemens & Halske AG und die Siemens-Schuckertwerke Berlin. Die gesamte Strecke wurde 2-Spurig verlegt, mit 2 Laufschienen und in der Mitte eine Zahnradschiene. Über jeder Spur war ein Fahrdraht, worüber die Bahn mit 550 Volt Gleichstrom eingespeist wurde. 2 unabhängige Elektromotoren mit ca. 120 PS trieben die beiden Achsen an. Die Fahrgeschwindigkeit soll bei ca. 5 KM/h gelegen haben.

In der ersten Generation soll es 11 Wagen gegeben haben, von außen zugänglich über Trittbretter und offenem Führerstand. Die zweite Generation der Fahrzeuge waren geschlossene Wagen, wodurch der Schaffner nicht mehr über die Außentrittbretter zum Kassieren kam. Die Beförderung von bis zu 36 Fahrgästen war möglich.

Im April 1894 wurde die Strecke von der Station Bergbahnhof „Am Clef" in Barmen im Tal bis zur Bergbahnstation am Toelleturm auf der Höhe eröffnet.

Es musste ein Unterschied von 1.630 Metern Höhe überwunden werden, das entsprach einer Steigung von 18,5 %. Die Fahrt nach oben ging zunächst über die Eisenbahnbrücke der Deutschen Bahn, dann kam das steilste Stück zwischen Saarbrücker Straße und Gewerbeschulstraße, das so genannte Knäppchen, mit 16,8 % Steigung. (siehe Foto).

Weiter ging es die Straße An der Bergbahn hinauf, vorbei an Ottostraße/ Berg-Mark-Straße. Auf der linken Seite befinden sich die unteren Barmer Anlagen, wo einst die Barmer Stadthalle stand (heute Barmer Ersatz-Kasse BEK, später Wupperverband). Vor der Querung über der Unteren Lichtenplatzer Straße stand links das Krieger-Denkmal.

Als Kinder sind wir auf diesem Bergstück der Bahn immer mal wieder auf die Trittbretter aufgesprungen, wenn der Schaffner zum Kassieren auf der anderen Seite der Bahn war.

Der erste Haltepunkt hieß Barmer Stadthalle, wo auf der heutigen Wiese links das Planetarium stand, das ebenfalls durch den Zweiten Weltkrieg zerstört wurde. Dann ging es durch die Oberen Barmer Anlagen bis zum zweiten Haltepunkt, die Station Talblick. Danach ging die Fahrt durch den Barmer Wald bis zur Überquerung der Lönsstraße, dann wurde die Station am Toelleturm erreicht.

An beiden Endstationen wurden die Wagen über eine Verschieberampe in die entgegengesetzte Fahrtrichtung umgesetzt. Während der Fahrt rauf und runter musste der Schaffner bei der ersten Fahrzeug-Generation draußen vom Trittbrett aus kassieren.

Der Fahrer stand auf einer offenen Plattform, und das bei jedem Wetter. Die zweite Fahrzeug-Generation waren Wagen, die rundum geschlossen waren, sodass Fahrer und Schaffner geschützt waren vor Witterungseinflüssen. Während der Talfahrt produzierte die Bahn Strom, der über die Fahrleitung in andere Verbrauchsstellen abgegeben wurde.

Alle Wagen verfügten über drei verschiedene Bremssysteme, eines brachte die Wagen selbstständig zum Stehen, wenn die Fahrgeschwindigkeit überschritten wurde. Die gesamte Strecke war 2 gleisig befahrbar.

Am 4. Juli 1959 wurde unter größten Bürgerprotesten die Bahn mit ihrer letzten Fahrt stillgelegt. Die Schienen wurden herausgerissen, die Wagen verschrottet.

Endhaltestelle der Bergbahn Toelleturm

Heute zeugt noch eine Radkranz-Achse mit Rädern als verbliebenes Erinnerungsdenkmal unterhalb der einstigen Station Stadthalle an die BARMER BERGBAHN.

25/01/202

Wuppertaler Schwebebahn

Was ich über die Wuppertaler Schwebebahn weiß, habe ich erlesen oder aus Erzählungen mitbekommen.

Eugen Langen, geb.09.10.1833 in Köln, Ingenieur und Erfinder der Wuppertaler Schwebebahn, hat den Baubeginn 1898 nicht mehr miterlebt: er verstarb am 02.10.1895 in Elsdorf, (Rheinland).

Die erste Bahn soll am 1. März 1900 vom Bahnhof Döppersberg nach Vohwinkel gefahren sein. Im Oktober 1900 fuhren zur offiziellen Einweihung Kaiser Wilhelm II. mit seiner Frau Gemahlin Auguste Viktoria in einem Wagen, der später den Namen „KAISERWAGEN“ bekam.

Kaiserwagen

Es gab viele Ereignisse im Laufe der 120 jährigen Geschichte der Schwebebahn. Sie ist aber immer noch das sicherste Verkehrsmittel der Welt mit über 80.000 Fahrgästen täglich. Auch wenn es hin und wieder Probleme gegeben hat auf der 13,3

Km langen Strecke. Im Mai 1997 wurde die Schwebebahn unter Denkmalschutz gestellt. Am 21.7. 1950 auf einer Werbefahrt vom Alten Markt zur Adlerbrücke sprang die 4 jährige und 10 Zentner schwere Elefantenkuh „Tuffi“ vom Zirkus Althoff aus der Schwebebahn in die Wupper, dem Tier ist nichts passiert.

Im September 1968 ist ein LKW auf der Sonnborner Straße gegen einen Stützpfeiler der Schwebebahn gefahren und hat das Gerüst auf einer Länge von 150 Meter zum Einsturz gebracht.

Am 12.4.1999, in der Zeit, als neue Brücken und Pfeiler eingebaut wurden, wurde von den Arbeitern eine Kralle vergessen und es kam zum Unfall: 1 Zug fiel in die Wupper und es gab 5 Tote.

Im Oktober 2013 fiel eine Stromkabelschiene vom Gerüst auf die Bundesstraße B 7, ca. 80 Fahrgäste mussten von der Feuerwehr über Drehleitern aus der Bahn geholt werden.

Am 18.11.2018 fiel abermals eine Stromschiene vom Gerüst auf der Brücke am Zoo/ Stadion auf ein Auto, zum Glück ist nichts weiter passiert.

Durch die Bombardierung im 2ten Weltkrieg wurden auch die Schwebebahnhöfe und die Fahrstrecke in Mitleidenschaft gezogen. Erst 1946 war die gesamte Strecke nach dem Krieg wieder befahrbar. In den 120 Jahren gab es immer wieder neue Wagengererationen.

Die Kaiserwagengeneration von 1900 bis 1950.

Nach dem Krieg kam 1950 zunächst die Baureihe GW 50 in den Verkehr, es waren 10 Züge, weitere kamen dann dazu, die Farbe war dunkelrot. Die fuhren bis in die 70er Jahre.

Ab 1972 kam eine neue Baureihe zum Einsatz, das waren die Fahrzeuge GTW 72 (Gelenktriebwagen). Die neue Wagenfarbe war Blau/Orange, sie fuhren bis 2018.

Ab den Jahren 2015/16/17 sind 31 neue Schwebebahnen der Generation GTW 15 im Fahrgastbetrieb; sie haben ein neues Design, freundliche hellblaue Farbe, innen mit Stoff bezogene Bänke und einen Zugang für Rollstuhlfahrer. Es gibt eine Zulassung bis zu 60 Km/h. Aber auch die neuen Fahrzeuge haben Probleme, Sommer 2020 bis Sommer 2021 steht die Bahn 1 Jahr still, technische Probleme mit den Radreifen, zu schneller Abrieb. Am Ende der Strecke gibt es jeweils 1 Wagenhalle mit Schleife, Oberbar-

Schwebebahn GTW 72 (Foto: Schweb05122005-002 Stefan17675~commonswiki)

men und Vohwinkel. Die weiteren 20 Stationen sind dann Vohwinkel, Bruch, Hammerstein, Sonnborn, Zoo/ Stadion (früher Zoologischer Garten), Varresbecker Straße (früher Gasanstalt), Westende, Pestalozzistraße (früher Schillerbrücke), Robert-Daum-Platz (früher Tannenbergstr.), Ohligsmühle (früher Alexanderbrücke), Hauptbahnhof (früher Döppersberg), Kluse(früher Bembergstraße), Landgericht, Völklinger Straße (früher Kaiser-

Schwebebahn GTW 15

Schwebebahnstation Werther Brücke ca. 1905

brücke), Loherbrücke, Adlerbrücke, Alter Markt (früher Rathausbrücke), Werther Brücke, Wupperfeld, Oberbarmen(früher Rittershausen).

Die Station Ohligsmühle wurde 1982 neu errichtet, die Station Kluse wurde 1999 neu erbaut. Die Station Werther Brücke wurde 1984 in der ursprünglichen Farbgebung restauriert und von 2011 bis 2012 demontiert und nach dem ursprünglichen Jugendstilentwurf 2013 formidentisch wiederaufgebaut.

Deutsche Pfadfinderschaft St. Georg

Als Katholischer Junge kam ich 1950 mit 12 Jahren zu den Pfadfindern. Der Ort an dem sich die Jugendlichen in ihrer Freizeit trafen war zunächst ein Raum im Kirchturm der zerstörten Kirche St. Elisabeth in Barmen, es gab eine Gruppe mit 12 bis 14 Jungen und einem Leiter, es wurden Spiele gemacht und Erzählungen oder Planungen zur weiteren Gestaltung der Freizeit. Das ganze im Sinne des Gründers, des Engländers Robert Baden-Powell, der die Organisation ins Leben gerufen hat. In Altenberg, in der Diözese Köln schlossen sich am 7.10.1929 mehrere Pfadfinderstämme zusammen und gründeten die DEUTSCHE PFADFINDERSCHAFT ST. GEORG (DPSG).

Pfadfinder auf Tour

Die Bundeskanzlei wurde 1930 nach Wuppertal-Elberfeld verlegt.

Der Leitspruch war: jeden Tag eine gute Tat, zur Begrüßung hieß es immer GUT PFAD.

Ich erinnere mich an die Kluft, die wir damals trugen, grünes Hemd mit 2 Brusttaschen mit Klappe, ein Halstuch mit Knoten und Pfadfinderhut mit breiter Krempe. Die meisten Pfadfinder trugen kurze Hosen oder Lederhosen. Als Abzeichen galt bis 1957 die Ritterlilie. Unser Gruppenleiter war Wolfgang Meyer, er hatte eine Buchdruckerei, er legte großen Wert darauf, daß zu allen Treffen die Kluft getragen wurde. Einmal in der Woche trafen wir uns, dann wurden auch Lieder geübt und gesungen, dabei durfte die Klampfe (Gitarre) nicht fehlen.

Jedes Jahr an Fronleichnam ging die ganze Gruppe mit der Fronleichnamsprozession. die ging dann von der Antoniuskirche bis zum Rathausvorplatz, dort war dann ein Altar aufgebaut und es wurde eine kurze Messe abgehalten, bevor es zurück durch die Stadt zum Petruskrankenhaus ging. Hier waren zu der Zeit noch Nonnen der heiligen Cellitinnen untergebracht, teilweise auch zur Pflege der Kranken. Der Priester, der auf dem Weg die Monstranz trug, ging unter einem Baldachin, den abwechselnd immer vier Pfadfinder trugen.

An den Wochenenden wurden in den Sommermonaten immer Zeltlager in irgendeiner Gegend aufgeschlagen. Da fuhren wir dann mit dem Zug oder mit dem Fahrrad, je nach Entfernung des Zieles. Im Sommer 1950 waren wir in Altenberg im Bergischen Land, was dazu beitragen sollte, sich noch besser kennen zu lernen. Da wurde dann selbstverständlich auch ein Besuch im Altenberger Dom durchgeführt.

1951 gab es ein großes Zeltlager in Oberweischede im Sauerland, das war ein Lager aus dem ganzen Kreis Wuppertal, der Oberpfadfinder und Leiter war Hans Neveling. Es war so ein schlechtes Wetter, das unsere Zelte fast wegschwammen, da der Zeltplatz unter einer Hochspannungsleitung lag, waren nachts ständig Blitze zu sehen.

Auch waren wir in der Deutschen Jugendherberge in Altena im Sauerland.

In den Sommerferien 1954 gingen wir auf große Fahrt mit dem Fahrrad in Richtung Trier, es ging mit dem Zug bis Neuwied, mit der Fähre wurde der Rhein überquert nach Andernach, dann Maria Laach zu den Mönchen im Benediktiner-Kloster. Weiter ging unsere Fahrt über Mayen nach Daun, hier wurde immer wieder gezeltet, auch die Maare wurden besucht, bevor es über Bitburg weiter in Richtung Trier ging, eine Stadtbesichtigung und

Wöchentliches Treffen der Pfadfinder

die weltbekannte Porta Nigra. Die gesamte Reise dauerte 2 Wochen, dann ging es zurück mit dem Zug entlang der Mosel über Koblenz nach Hause.

Im Jahr 1955 im Sommer gab es ein neues Ziel: wir fuhren mit 14 Pfadfindern in den Schwarzwald, die Fahrt mit dem Zug ging zunächst von Wuppertal bis nach Freiburg im Breisgau. Auf der ganzen Strecke hieß es wandern und zelten, alle hatten einen Affen oder Rucksack, die Zelte, Zubehör, Geschirr, und der so genannte Hordentopf, in dem gekocht wurde, musste jeder mal tragen, das ging Reih um. Die erste Station war die Pfarrkirche in Hinterzarten, das Wetter war so schlecht , aber hier bekamen wir eine trockene Unterkunft. Dann ging es auf den Berg Schauinsland mit 1284 Metern, weiter nach Süden auf den 1414 Meter hohen Berg Belchen, zweithöchster Berg im Schwarzwald.

Wir wanderten weiter über Todtnau nach Todtmoos über St. Blasien zum Schluchtsee.

Die weiteren Orte waren der Titisee und Hinterzarten, von wo es mit der Höllentalbahn wieder zurück nach Freiburg ging. Somit war eine 14 tägige Rundreise quer durch den südlichen Schwarzwald mit den Bergen und Seen zuende.

Immer mit dabei waren Franz Adalbert Grunewald, Martin Tillmann, Gerhart Maibach, Franz Hoffmeier, Klaus Schmidt, Manfred Storch, Werner Knobloch, Manfred Feldhoff, Franz Pattberg, Heinz Hoffmeier, Hans-Bernd Meyer.

Ich kann nur sagen GUT PFAD, UND ALLZEIT BEREIT.

Sport und Spiel

Im Jahre 1949 wurde ich durch die Pfarrei Elisabeth-Kirche angesprochen, einem katholichen Sportverein beizutreten, das war der Verein DJK Deutsche Jugendkraft. Der Verein hatte die Trainingsstunden auf dem Schenkendorf-Sportplatz, wo ich unterhalb wohnte, es wurden Leibesübungen und Handball durchgeführt.

Mit 14 Jahren wechselte ich den Verein und schloss mich dem OTB Oberbarmer Turner Bund von 1888 an. Dieser Verein war besser strukturiert, es gab mehrere Jugendmannschaften und ich konnte gleich in einer B-Jugendmannschaft spielen.

Der Verein war einer der größten Sportvereine der 50er und 60er Jahre im Bezirk Oberbarmen/Heckinghausen. Die Erste Männermannschaft spielte z.B. in der damaligen Landesliga sehr erfolgreich. Es waren Spieler wie Winstroth, die Brüder Dittmann, Nockemann, Buchholz, Kübler, Müller, Geilenberg, die alle für Begeisterung sorgten und den Jugendlichen echte Vorbilder waren.

Hier lernte ich den Sportfreund Alfred Theodor kennen, wir sollten später noch öfter ins Gespräch kommen. Als ich 1955 mit meinen Eltern umzog auf den Rott, wurde mir der Weg zum Schenkendorfplatz zu weit, und ich verließ den Verein.

Im Herbst 1962, nachdem ich von der Bundeswehr zurück war, schloss ich mich der BTG Barmer Turngemeinde von 1863 an. Zu nächst spielte ich in der zweiten Männermannschaft Handball, es wurde zu dem Zeitpunkt immer noch Großfeld gespielt, das konnte ich aber nicht lange durchhalten, und so übernahm ich eine Funktion als Betreuer der Mannschaft. Auch mein Bruder Dieter, der aus der Schweiz zurück kam, spielte in der 1. Mannschaft Handball und ging auch noch Turnen.

Es wurde ab dem Jahr 1965 regelmäßig zu Ostern ein Internationales Handballturnier für A-Jugendliche mit Mannschaften aus Frankreich, Niederlande, Dänemark und Westdeutschland durchgeführt, hier war ich im Stab mit bei der Planung.

Die Mannschaft aus Frankreich, Paris St.Nanter lud im Gegenzug zu ihrem an Pfingsten stattfindendem Turnier ein. Aber auch in den Niederlanden in Arnheim, Utrecht, wurden wir zu Turnieren eingeladen. Besonders die Fahrten nach Paris waren immer mit einem Beiprogramm versehen, das uns sehr begeisterte, nicht nur der Eiffelturm, auch Besuche in Versailles und im Autowerk von Peugeot wurden durchgeführt.

Auch meine Frau Heidi Meyer und meine Söhne York und Guido Meyer sind in den Verein eingetreten. Meine Frau in der Gymnastikabteilung und meine Söhne in die Turnabteilung. Auch hier gab es Freundschaften, die lange geflegt wurden. Mein Sohn Guido war bis Anfang der 2000er Jahre immer noch beim Fahnenschwingen aktiv.

Wappen der BTG

Es gab auch immer was zu feiern, so das 100 jährige Bestehen der B T G von 1863. Es gab Abteilungen wie Turnen, Prellball, Handball (das waren die Hauptsportarten in dem Verein). Die Sonntagsspiele fanden auf auf dem Schönebecker Sportplatz statt, aber es gab auch Auswärtsspiele in der damaligen Bezirksliga, es wurde noch auf dem Großfeld Handball gespielt. Anfang der 70ziger Jahre wurde auch eine Damenmannschaft gegründet, die eine der ersten in Wuppertal war. Nach den Spielen am Sonntag traf man sich im Stammlokal bei Max und Maria Gronewald am Landwehrplatz, es wurde gefachsimpelt und nachgespielt, ob gewonnen oder verloren, es gab immer einen Grund, etwas zu trinken, oft wurde auch der Schiedsrichter eingeladen. Es wurde Skat gespielt oder geknobelt. Hierdurch ergaben sich neue Freundschaften, besonders unter den

Vor dem Barmer Rathaus

Männern. Ich denke an K.H. Thieme, Alfred Steinhausen, Günter Grabowitz, Heinz Schröder, Heinz Fels, Horst Luhn, Siegfried Meyer und Kurt Pannes. Mit Alfred, Grabo, und Heinz S. machten wir Skattouren nach Sylt, Bad Breisig, mit der Fähre nach Oslo, Bremen, und Hamburg.

In dem Verein war auch eine Abteilung besonders erfolgreich; die Damenmannschaft ab 30 Jahren gewann 5 mal die Deutsche Meisterschaft im Prellball 1986, 1987 und 1991,92,93. Der Trainer war damals Horst Beyer. Auch fuhren die Turner regelmäßig zu den Deutschen Turnfesten, die alle 4 Jahre in einer anderen Deutschen Stadt stattfinden. Die Leitung lag immer in den Händen der Oberturnwarte Erwin Lange, Kurt Pannes, oder Siegfried Meyer.

BTG am Rathaus

Dann gab es eine Männerriege, die einmal im Jahr eine Fahrt irgendwohin machte. Da wurde streng nach Turnvater Jahn gehandelt, alles auf Kommando, das war nichts für meinen Freund Alfred Steinhausen und für mich, da sind wir frühzeitig ausgestiegen.

1986 ging es darum, eine Tennisabteilung zu gründen. Zunächst waren alle vom Vorstand dafür, es gab einen Sponsor, einen Platz und einen Trainer. Aber dann machte in der Boris Becker- und Steffi Graf-Hochphase der Vorstand einen Rückzug und die Gründung war somit gestorben. 1987 erhielt ich vom Verein die Silberne Ehrennadel für meine Verdienste, was mich aber nicht davon abhielt, 1988 den Verein zu verlassen.

Alle genannten Personen, sind inzwischen verstorben, ich bin einer der letzten aus der Ära, der noch lebt. 2017 kam es zu einer Verschmelzung der traditionsreichen B T G 1863 e.V. mit dem TV FRIESEN 1884 e.V. und dem TSV Wuppertal 1887 e. V. in SSG Wuppertal 1863 e.V. , HSV Wuppertal heißt der Handballsportverein in der SSG Wuppertal e.V.

Lehr- und Gesellenjahre

Im Frühjahr 1953 stand meine Schulentlassung an, nun war die Frage, was soll aus dem Jungen werden. Also ging ich mit meinem Vater zum Arbeitsamt in der Gronaustraße (Volksmund Gronaukonzern), der Mitarbeiter musterte mich und sagte zu meinem Vater: „de Jong kann Elektriker werden, ich hab hier noch eine Lehrstelle zu vergeben".

Die Lehrstelle war in Heckinghausen, also gingen wir dahin, die Adresse war dann das Elektrounternehmen Paul Hennemann. Nach dem wir da vorsprachen. wurde ich erneut gemustert und mit dem Versprechen „sie hören von uns" verabschiedet. Wenig später erhielten wir Post, noch mal vorbei zu kommen und einen Lehrvertrag abzuschließen. Gesagt, getan. So begann ich am 1.4. 1953 meine Lehre als Elektriker, die Lehrzeit betrug 3 Jahre.

Das Unternehmen Hennemann war an der Heckinghauser Straße 67-69, es war ein sehr großer Komplex, der ging bis zur Bundesbahn, hatte ca. 50 Einzelgaragen, 1 Tankstelle (Tankwart Herr Feußner), in dem Gebäude Nr. 67 war vorne eine Ausstellung, dahinter die Werkstatt für PKW, eine Mercedes-Vertragswerkstatt (heute Möbel Heilmann), darunter weitere Garagen. Im Gebäude Nr. 69 war vorne ein Laden für Elektrogeräte und Radios, anschließend die Werkstatt für LKWs (heute Autowerkstatt Berger), 1 Elektrowerkstatt.

Mein Ausbilder Helmut Plum

Herr Paul Hennemann besaß 4 Meistertitel: Elektromeister, Rundfunkmeister, KFZ-Meister,und KFZ-Autoelektrikermeister. Meine Ausbilder waren Herr Otto Küpper und Herr Helmut Plum. Wir hatten Kunden wie die Druckerei Artmeier, die Druckerei Schwarze & Oberhoff, Wesenfeld-Dicke Bleihüttenwerk / Setzmetalle für Zeitungsverlage, aber auch Installationen für Privatkunden und Einfamilienhäuser, sowie Villen im Bereich von Hochbarmen. Immer wieder musste ich auf meine roten Haare Sprüche anhören wie, „dä hätt die falschen Pannen om Dak".

Das Material, das wir verarbeiteten, kauften wir bei Elektrofachgroßhändlern, das waren die Firma Stadtmüller, Helmut Bohne und die Firma Windscheid. Auch musste ich die Berufschule besuchen, jede Woche einen Tag, ein besonderer Lehrer war ein Herr Hermann Spohr, der brachte den Lehrlingen Fachrechnen und Formeln der Elektrotechnik bei. Wenn in der Klasse einer schlief, kam auch mal ein nasser Schwamm oder ein Schlüsselbund geflogen. Ein toller Lehrer, der auch noch bei Prüfungen half.

Nach 3 Jahren Ausbildung machte ich die Gesellenprüfung im Theoretischen und Praktischen vor dem Gesellenprüfungsausschuß der Elektro-Innung Wuppertal.

Die Löhne in den 50er Jahren mit 0,95 DM die Stunde waren sehr gering im ersten Gesellenjahr und ich lernte einen Herrn Schmitz kennen, von der gleichnamigen Firma Elektro Schmitz, der bot mir für einen Wechsel in seine Firma 1,10 DM pro Stunde an. Ich durfte sofort selbstständig arbeiten und bekam nach 3 Monaten bereits 1,30 DM die Stunde. Die Firma Schmitz beschäftigte u.a.12 Gesellen und einen Elektromeister, Herr Stöcker, der verteilte die Gesellen auf die verschiedensten Baustellen, Großbauten wie „Auto Merkur" und das „Bürohaus Röth"auf der Höhne in Barmen, Karosseriebau „Drews am Wunderbau"in Elberfeld zählten zu den Auftraggebern. Arbeiten für diverse Bauherrn – durch den in Wuppertal bekannten Star-Architekten MAX R.WENNER bekam die Firma Schmitz ihre Aufträge.

Auch hier musste ich mir auf dem Bau wegen meiner roten Haare immer wieder anhören: „Rote Haare sind des Führers Zeitgenossen“.

Nach 2 Jahren wechselte ich zu der Firma Elektro Werner Sturm für 1,60 DM pro Stunde. Hier installierte ich die Eurania-Tankstelle an der Wittener Straße. Danach baute ich eine 10 KV-Hochspannungsstation für die Firma Vaupel, ein Bandstuhlhersteller in der Straße vor der Beule. Werner Sturm war ein junger Elektromeister und im Bezirk Beckacker sehr beliebt und auch bekannt, so dass er viele Aufträge bekam. Meistens waren es kleinere Reparaturarbeiten, die mich auf die Dauer nicht zufrieden stellten.

So wechselte ich zu einem Subunternehmer Namens Egon Schmitz, der hatte Arbeiten bei der Firma Dr. Kurt Herberts. Vom Motorrad fahren her kannte ich auch einen Klaus Weppler, der schon für Schmitz arbeitete. Hier konnten wir fast 5,00 DM die Stunde verdienen. Die Arbeiten, die wir ausführen mussten, waren meist Hilfsarbeiten wie in der Schlosserei Rohre durchtrennen oder in den unterirdischen Gängen nach Defekten im Leitungssystem zu suchen. Auch in der Farbzubereitung wurden wir hin und wieder eingesetzt. Es waren für mich keine befriedigende Arbeiten und nach gut einem dreiviertel Jahr musste ich ohnehin aufhören, da ich die Einberufung zur Bundeswehr erhielt. Es war eine Zeit, in der wir auch unsere Motorräder pflegen konnten und viel Geld für die damalige Zeit verdient haben.

Jugendzeit

Beim Oberbarmer Turnerbund lernte ich 1954 unter anderen meinen späteren Freund Alfred Theodor kennen. Alfred machte eine Lehre als Kaufmännischer Angestellter bei der Firma Schulenburg. Alfred war ein Jahr älter als ich, zusammen lernten wir dann einen jungen Mann kennen, Kurt Kehl. Er machte nach Abschluss seines Abiturs eine Lehre bei der einzigen Rhein-Preußen-Tankstelle in Wupperta-Langerfeld bei Hans Schäfer als Tankwart. Zu seinem Hobby wurde das Restaurieren alter Autos, das fanden auch Alfred und ich sehr interessant. So wurden wir drei zu richtigen Freunden.

Kurts Eltern hatten drei Mehrfamilienhäuser und mehrere Garagen in der Chamissostraße. In einem dieser Häuser wohnte auch ein Herr Schmitz (hierzu später mehr). Mein Freund Kurt, der 4 Jahre älter war, hatte schon einen Führerschein für Motorrad und Auto, den hatte er während seiner Tätigkeit als Tankwart durch eine bekannte Fahrschule schon frühzeitig erworben.

Eines Tages kommt Kurt mit einem VW-Kübelwagen aus dem 2ten Weltkrieg an, der Wagen hatte mehrere Macken, Beulen und auch der Lack war nicht mehr in gutem Zustand. Sein Stiefvater Herr Schneider, (sein leiblicher Vater war im Krieg gefallen) war damit einverstanden, dass eine der Doppelgaragen zum Restaurieren zur Verfügung gestellt werden konnte. Herr Schneider war Vertreter für Kosmetische Artikel und so auch viel unterwegs, sodass wir das Angebot nutzten, nach Feierabend in einer der Garagen an dem Kübelwagen zu arbeiten. Kurt hatte aber auch noch ein Motorrad eine NSU FOX mit 98 cm^3, hiermit übten Alfred und ich schon mal das Fahren, bevor wir in eine Fahrschule gingen.

In unserer Freizeit am Wochenende besuchten wir auch so manche Gastronomie, wo sich die meisten Jugendlichen trafen, ein solches Lokal war auch OMA PASCHHOFF auf dem Rott in der Bogenstraße, oder Alfred Quel an der Dörner Brücke. Meistens am Abend, wenn es schon etwas dunkel war, fuhren wir mit 3 Mann auf dem Motorrad. Besonders bei Oma Paschhoff war immer was los, hier besorgten die Mädchen jede Woche neue Schallplatten, es wurde getanzt nach den neuesten Schlagern, die auf dem Markt kamen, Rock and Roll. Hier war ein Junge, der ständig mit allen Mädchen tanzte, alle nannten ihn nur FILAX. Es verkehrten verschiedene Gruppen, bei denen es auch mal zu Meinungsverschiedenheiten kam, dann gab es regelrechte Schlägereien, die dann meistens vor dem Lokal ausgetragen wurden. Da viele der Jugendliche noch keine 18 Jahre waren, hieß ab 22.00 Uhr „ihr müsst jetzt gehen". Lotti, die Tochter von Oma Paschhoff war sehr rigoros, um kein Lokalverbot zu erhalten ging man.

Mit 17 Jahren ging ich in eine Tanzschule D.P. Koch in Elberfeld. Hier lernte ich die verschiedensten Tänze, wie Tango, Walzer, langsamer Walzer, Foxtrott und Rock and Roll. Es gab einen Mittelball in den Räumen der Tanzschule und einen Abschlussball in den damaligen ZOO SÄLEN, hier waren dann auch die Eltern aller Tanzschülerinnen und Tänzer eingeladen. Als ich 18 Jahre wurde, ging ich sofort in eine Fahrschule, um den Führerschein der Klasse 1 zu machen, damit ich auch Motorrad fahren konnte. Ich machte eine Fahrstunde in der Fahrschule von K.H. HÖLTERHOFF und eine Prüfungsstunde, dann war ich im Besitz der Fahrerlaubnis.

Aber da waren ja auch noch meine Freunde Kurt und Alfred, und der Herr Schmitz, der kam jetzt immer mal wieder an der Garage vorbei, wobei sich herausstellte, dass Herr Schmitz eine Firma besaß: ELEKTRO SCHMITZ. Er suchte dringend Mitarbeiter, weil er mehrere Großbaustellen hatte, so habe ich gleich einige Wochen nach Beendigung meiner Lehre bei der Firma Elektro Schmitz angefangen, auch mit der Zusage nach einer Einarbeitungszeit eine bessere Entlohnung zu bekommen, was eingehalten wurde. Zur gleichen Zeit hatte Herr Schmitz meinem Freund Kurt auch eine neue Arbeitsstelle besorgt und zwar bei der Firma Karosseriebau Drews, als Annahmeleiter von Unfallfahrzeugen. Später hat Kurt sich selbstständig gemacht mit einem Taxiunternehmen.

Zurück zu dem Kübelwagen, der war nun in der Zwischenzeit rundherum fertig und ein echtes Schmuckstück geworden. Neu bereift, neu lackiert in der Farbe hellblau, was sehr gut aussah. Es war die Zeit, als ich noch das letzte Jahr meiner Lehre absolvieren musste und so konnte ich leider bei der ersten Fahrt in den Urlaub mit dem Kübelwagen nicht mitfahren. So fuhren meine Freunde ohne mich nach Monaco. Wie sie später berichteten, ging die Fahrt mit dem Wagen reibungslos, man stand in Monaco auf einem Platz vor dem Casino, neben Autos der Luxusklasse wie Rolls Royce, Bentley oder Ferrari; der Kübelwagen war der am meist bestaunte Wagen. Danach weiß ich nur noch, dass ein Werkzeug-Fabrikant aus Wuppertal-Cronenberg das Auto gesehen hatte und davon dermaßen angetan war, dass er den Kübelwagen unbedingt haben wollte, um ihn für die Jagd einzusetzen. Kurt hat das Angebot angenommen und das Auto verkauft.

Aber mein Freund Kurt sollte nicht lange ohne ein Auto sein, er kauft einen FIAT-TOPOLINO (das Mäuschen). Der Wagen war im Grunde in Ordnung, da war nicht viel dran zu machen und so ergab es sich, dass wir im Sommer 1956 in Urlaub mit dem Auto nach Italien gefahren sind. Kurt, Alfred und ich, einer musste immer hinten sitzen, das war eine schwierige Angelegenheit. Da nur Kurt fahren konnte, wechselten wir uns mit dem hinten sitzen immer wieder ab. Die Fahrt ging über Frankfurt, Nürnberg, München, Kufstein am Inn, hier machten wir erneut Rast und bauten unser 3-Mann-Zelt auf, es wurde ein bisschen Fußball gespielt, bis der Ball in den Fluss fiel. Ich sprang gleich hinterher, ohne zu wissen, wie reißend der Fluss war, ich wurde mitgerissen und nach ca. 50 Metern aus dem Wasser gezogen, der Ball war weg. Am Fuß des Brenners haben wir

Fiat Topolino (das Mäuschen)

dann übernachtet, und so ging es am nächsten Tag über den Brennerpass Richtung Bozen.

Die Brennerautobahn gab es noch nicht. Über Bozen und die Autostrada fuhren wir gen Süden, auch eine Maut gab es noch nicht und so kamen wir nach 3 Tagen Fahrt in ROM, unserem ausgemachtem Ziel an. Am Strand von Rom, dem Lido schlugen wir auf einem Campingplatz unser Zelt auf, es war warm, um nicht zu sagen heiß, aber das kennt man ja aus den südlichen Ländern, nur wir dachten uns nichts dabei und tummelten uns mal im Meer, mal am Strand in der Sonne.

Das Wort Nivea war damals für uns ein Fremdwort und so mussten wir die Folgen tragen: wir zogen uns alle drei einen Sonnenbrand zu, der sich gewaschen hatte.

Der Campingplatz war geschützt durch einen ca. 3 Meter hohen Maschendrathzaun. Hier liefen immer wieder junge Männer mit Textilien, Sommerpullover, Markenware und boten diese zum Verkauf an. Plötzlich rief einer „Polizei!" und dann rannten sie alle so schnell sie konnten davon. Wir hatten die Ware, die jungen Leute wurden nie wieder gesehen. Nach drei weiteren Tagen in Rom mit einigen Besichtigungen, unter anderem das Colloseum, fuhren wir über den Petersplatz, was damals noch möglich war, zurück nach Hause. Über den Gotthardpass, durch die Schweiz, am Bodensee vorbei Richtung Wuppertal.

Durch den Umzug meiner Eltern in die Bogenstraße auf dem Rott haben wir Freunde uns immer weniger gesehen. Alfred hatte seine Lehre abgebrochen und bewarb sich bei der Post, später erfuhr ich, dass er mit einer älteren Frau zusammenlebte. Er soll sich dem Alkohol verschrieben haben, er ist früh verstorben.

Zu meinem Freund Kurt bin ich, als ich ein Motorrad hatte, immer mal wieder hin gefahren und man hat sich ausgetauscht. Dann kam meine Bundeswehrzeit und es vergingen über 3 Jahre, bis wir uns mal wieder trafen. Später, als wir beide verheiratet waren, haben wir uns häufig beim Jazz gesehen. Unser Kontakt ist bis ins hohe Alter nie ganz abgebrochen, Kurt ist 2018 im Alter von 84 Jahren verstorben.

Im Herbst 1956 kaufte ich mein erstes gebrauchtes Motorrad: eine“ADLER MB 200“ mit 200 ccm, 2-Zylinder-Doppelvergaser und hochgezogenen Auspuffrohren von einem Bekannten für 400 DM. Ich lernte schnell weitere Motorradfreunde kennen, man traf sich immer abends in der Barmer Schuchardstrasse beim Schallplattengeschäft Karl vom Kothen. Da wurde gefachsimpelt, wohin man am Wochenende hinfahren wollte. Mindestens 2 mal im Monat war es der Nürburgring, wo wir mit 8 bis 10 Maschinen, immer zum Karussell an der Steilstrecke zum Zelten fuhren. Dabei lernte ich auch Klaus Weppler kennen, der die gleiche Maschine hatte wie ich, wir freundeten uns an und arbeiteten für einen Sub. bei der Firma Dr. Kurt Herberts. Hier konnten wir samstags oder sonntags in der Schlosserei auf dem Werksgelände ständig an unseren Motorrädern arbeiten.

Mein erstes Motorrad

Wir fuhren mit unseren aufpolierten Maschinen eine Woche bis auf die Schweizer Seite des Lago Maggiore nach Locarno. Zurück ging es über die Hochgebirgsstrecke des St. Bernard und später am Fuße des Gotthard-Passes, wo wir unser Zelt aufschlugen.

Die Adler habe ich dann verkauft, gegen eine andere Maschine der Marke „N S U“, das war dann eine „M A X“ mit 250 ccm und 20 PS, was sich an den Bergen bemerkbar machte, die ging mit einer ganz anderen Geschwindigkeit zu Werke. Als dritte Maschine fuhr ich dann noch bis ins Jahr 1959 eine 175 ccm Steyer-Puch. Dann trennte ich mich von allen Motorrädern und musste meinen Wehrdienst antreten.

Bundeswehr – Marine

Am 5. Februar 1959 wurde ich vom Kreiswehrersatzamt in Wuppertal gemustert, mein Tauglichkeitsgrad war 2. Der untersuchende Regierungsrat Herr Stein stellte mir dann die Frage, zu welcher Waffengattung ich möchte. Darauf gab ich zur Antwort: die mit dem KIELER KNABENANZUG.

Im Mai 1959 erhielt ich eine Einladung zu einem Eignungstest nach Wilhelmshaven, die 3 Tage waren ein Vorgeschmack auf die Waffengattung Marine. Es wurden Sport und Besichtigungen im Kasernenbereich durchgeführt, mit dem Hinweis: Sie hören von uns! Dann ging es zurück mit dem Zug.

Dann kam im August 1959 der Einberufungsbefehl zum MARINE-Ausbildungsbataillon Wilhelmshaven, die Einberufung war dann am 1.10.1959, da hieß es antreten.

Zu dem damaligen Zeitpunkt gehörte ich mit den weiteren Einberufenen zu den ersten gezogenen Soldaten, die bei der Marine die 15 Monate Grundwehrdienst leisten sollten.

Der Dienst begann in der Kaserne in Wilhelmshaven-Ebkeriege, es ging zunächst zur Einkleidung in die Kleiderkammer, olivfarbene Unterwäsche, alles andere hatte die Farbe blau. Dann wurden wir eingeteilt mit 4 Matrosen auf einer Stube, es musste alles korrekt in die Spinde eingeräumt werden. Es wurden je nach Größe der „MATROSEN“ 3 Züge zusammengestellt, das war dann eine Kompanie. So wurde exerziert, marschiert, Sport und Kutterpullen (Rudern) durchgeführt. Die Grundausbildung dauerte 3 Monate bis zum 31.12.1959 und endete mit der Beförderung zum „GEFREITEN“

Es gab auch Freizeit, in den ersten 3 Wochen durfte das Kasernengelände allerdings noch nicht verlassen werden, man ging abends in die Kantine, danach herrschte korrekte Kleiderordnung, wenn man das Kasernengelände verlassen und zum Landgang gehen wollte. In der Grundausbildung nur in Uniform, keine langen Haare, keinen Bart oder Schnauzbart, auch musste der Mützenbügel korrekt eingelegt sein.

Dann ging es zum Landgang meistens in ein nahe gelegenes Tanzlokal, hier stand in großen Buchstaben über der Türe,"WENN HIER ERSTRAHLT IM LICHTER GLANZ DANN IST BEI JONNY WIEDER TANZ, und das jeden Samstag.

Im Dezember 1959 wurde die Frage gestellt, ob ich mich zu einer längeren Dienstzeit verpflichten würde, davon hing die Fachrichtung ab, und es gäbe auch mehr Wehrsold. Ich habe mich dann auf 3 Jahre verpflichtet, bekam 230,00 DM im Monat, statt der 60,00 DM als Gezogener. Es ging am 1.1. 1960 dann zum Gastenlehrgang zur Seemännischen Ausbildung nach Flensburg-Meierwik, kurz vor der dänischen Grenze. Es war ein Winter in der Zeit mit reichlich Schnee, bis zu einem halben Meter. Wenn wir auf Wache waren, konnten wir nur in Spezialstiefeln gehen. Auch lernten wir Knoten und Spleißen, sowie Zeichen geben mit Flaggen, und das Morsealphabet. Kilometerlange Märsche waren ebenfalls mit in der Ausbildung. Abgeschlossen wurde der Lehrgang mit der Beförderung zum „OBERGEFREITEN"

Am 1.4. 1960 bekam ich mein erstes Bordkomanndo zum Schulgeschwader auf das Boot „WESPE". Allerdings lag das Boot damals in Bremerhaven in der Werft und wurde umgerüstet von Kohle auf Öl, die Boote, es waren 5 an der Zahl, man nannte sie auch das „INSEKTENGESCHWADER", denn neben der Wespe hießen die anderen Boote Hummel, Biene, Bremse, Brummer. Die Schiffe wurden nach dem 2ten Weltkrieg von den Franzosen zurückgekauft, zunächst fuhren die Schiffe als 1 .Geleitgeschwader, ab 1960 Schulgeschwader-Bundesmarine. Die Besatzung betrug ca. 100

Die Kompanie 1959 in Wilhelmshaven

Mann, das Schiff war 68,5m lang, 8,7m breit und hatte 2,7m Tiefgang. Die Bewaffnung 1 x 10,5 cm-Geschütz 2 x 4cm-Flak und 2 x 2cm-Flak,1 U- Boot-Abwehrwaffe.

Ab Mai 1960 fuhr das Schiff über Cuxhaven durch den Nord-Ostsee-Kanal nach Kiel, hier wurden Gasten an Bord genommen und zu Sonar-Übungen fuhren die Schiffe durch die Kieler Förde bis ins Skaagerak, bei mehr als Windstärke 6 mussten die Schiffe wieder umkehren.

Am 5.10.1060 wurde die ganze Mannschaft ausgetauscht und ich bekam ein neues Kommando nach Flensburg, zur Marineschule Mürwik, Stabskompanie. Hier war die Aufgabe, für die Offiziersausbildung die V- Boote und die Segelboote zu Übungszwecken immer startklar zu halten. Auch speziell für die Weiterbildung der „Oberleutnante", „Kapitänleutnante", „Korvettenkapitäne", „Fregattenkapitäne", „Kapitäne zur See", sowie für die Admiralität „Flottenadmiral", „Konteradmiral", „Vizeadmiral" und „Admiral" mussten immer Unterlagen und Material zu Schulungszwecken sowie Vorträge bereitgestellt werden.

Vom September 1961 folgte eine weitere Versetzung, da es eine gewährleistete Teilnahme zu einem Lehrgang zum Unteroffizier (MAAT) nicht gab, kam für mich eine Weiterverpflichtung um weitere 3 Jahre nicht infrage.Mein neues Kommando Marine-Unterwasserwaffenschule-4 Mürwik bestand aus 2 Wohnbooteinheiten, die für auszubildende Gasten für Sonar und Unterwassertechnik bereitgestellt und in Stand gehalten werden mussten. Wir waren 1 Bootsmann und 8 Gefreite und Obergefreite. Die

Boote waren ebenfalls Schiffe aus dem 2ten Weltkrieg, die nur für Wohnzwecke umgebaut waren, ohne Maschinen und Aufbauten, sodass sie nicht mehr am Schiffsverkehr teilnehmen konnten.

So endete meine Marinezeit am 30.September 1962 als Hauptgefreiter d.R. (der Reserve), zu der Reserve wurde ich nie eingeladen.

Die Schulfregatte „Wespe“ im Nord-Ostsee-Kanal

Barmer Jazz-Szene

Nach dem zweiten Weltkrieg dauerte es meines Wissens immerhin bis Anfang oder Mitte der 1950er Jahre, bis sich in Punkto Jazz in Barmen etwas tat.

Etwa 1955 öffnete in der Barmer Innenstadt auf der Höhne das Kellerlokal Boheme und das Weinlokal Romantica. Aus dem Boheme wurde ein Jazzlokal, wo auch die ersten Bands auftraten, es wurde voll angenommen. Eine Jazzformation, die als Hausband gegründet wurde, war die Band „BLUE NOTE JUNIORS" mit ihrem Bandleader Lothar Schnell. Es traten immer wieder die verschiedenen Bands auf, Namen weiß ich leider heute nicht mehr. Es dauerte durch Bundeswehr und Familiengründung immerhin bis in die 1970er Jahre, da lernte ich einen Klaus Nagel kennen. Der war ein Jazz-Verrückter. Zunächst hörten wir Jazz von Schallplatten, besonders eine alte amerikanische Siebener-Formation „FIREHOUSE FIVE PLUS TWO", eine Band aus den 20er Jahren mit einem ganz besonderen Sound, der Bandleader war Ward Kimball.

Es dauerte nicht lange und Klaus hatte Verbindung zu einer Jazz Gruppe aus Wuppertal aufgenommen, der „SEATOWN SEVEN HOT JAZZ" mit ihrem BandleaderAdrian van Saucken. Es ging darum, dass ausschließlich NEW ORLEANS und DIXELAND JAZZ gespielt wurde. In den verschiedensten Lokalen in Wuppertal-Barmen und anderen Stadtteilen, Vohwinkel im Bahnhof, oder in Barmen im Heidtkrug oder auch beim Spieß im Heubruch oder in der Eiche auf dem Rott, mit dem Traditional Jazzing Team mit Wolfgang Kannen. Aber auch im Barmer Bahnhof wurde Jazz gemacht. Hier nahm Klaus immer Verbindungen zu anderen Jazzgruppen auf

Aber bei den Events im Tal sollte es nicht bleiben, die JONGES on dee WAIDCHES wollten mehr, es ging zu Jazzveranstaltungen nach Gelsenkirchen, nach Köln in die Altstadt, Mülheim an der Ruhr, Hattingen-Welper Schloss Blankenstein. Später ging es auch nach Erkrath-Hochdahl in den Lokschuppen. In den Jahren von 2006 bis 2019 zur Düsseldorfer Jazz Rally, besonders THE BOURBON STREET STOMPERS aus Dortmund beim Uerige. Anfang der 1980er Jahre machten wir mit 5 Familien die erste Reise zu einem Jazzfestival nach Venlo NL., hier spielten auf dem Rathausplatz die verschiedensten Jazzformationen Samstag und Sonntag. Wir fuhren in den Jahren 1986/87 noch 2 mal zu Jazzveranstaltungen nach Breda NL.

Das waren Erlebnisse, die sich eingeprägt haben.Wir hatten ein Hotel etwas außerhalb gebucht und waren jedes Mal mit 6 bzw.7 Familien samstags und sonntags auf dem Platz vor der „GROTE KERK“ (Große Kirche), wo die meiste Musik gemacht wurde. Abends ging es dann in die Veranstaltungshalle „TORPSCHIPP“, wo auf 2 Bühnen abwechselnd gespielt wurde. Im zweiten Jahr wiederholte sich das Ganze, nur am Sonntagnachmittag gab es eine „STREET PARADE“ in der Stadt. Wir filmten die ganze Parade, ich trug den Akku und zog den Filmer immer hinter mir her. Wir hatten Schirme dabei und gingen die ganze Parade mit zu den Klängen der „MARCHING BAND“.

Aber auch in Wuppertal gab es immer mehr Veranstaltungen in punkto Jazz. So hatte es Klaus Nagel geschafft, dass unsere kleine Gruppe aus den Familien Nagel, Federhenn, Meyer, Claus, Fuckel/Ihde, Hagenkötter, Kremer bestand. Später kamen noch Krummenast, Schröder und einige Jazzfreunde dazu. Das war in den 80/90er Jahren, als wir die erste eigene Veranstaltung auf die Beine stellten, und zwar auf dem Gelände der Familie Claus, die auf der Linde ihr Grundstück zur Verfügung stellten, und mit der Gruppe „THE NEW HARANNI POISON MIXERS spielte die erste JAZZ GRUPPE, in der auch 2 Mädels mitspielten, die eine spielte Gitarre, die andere Klarinette, das Ganze fand noch draußen statt; wir hatten Glück, das Wetter spielte mit. Schon ein Jahr später fand die nächste Veranstaltung im Chat statt, ehemals standen hier Bandstühle der Familie Claus. Unsere Gruppe wurde immer größer, schnell waren es 20 bis 30 Leute, die sich uns anschlossen. So konnten auch Formationen wie die „DOO HACKE DOODDLES“, „SEA TOWN SEVEN“, „DIE GRAFSCHAFTER DIXIE GANG“ und „NALDOS JAZZ FAMILY“ verpflichtet werden. Getränke wie Fassbier, Wasser, Säfte und Büffet mit Kuchen und Fleischspeisen, was von den Frauen hergerichtet wurde. Das Fest wiederholte sich so einige Jahre, bis die Familie Claus das gesamte Anwesen verkaufte.

Damit sollte aber nicht Schluss sein mit Jazz, ganz im Gegenteil. 1997/98 fanden in den Sommermonaten Mai bis September auf der Waldbühne Hardt Jazzveranstaltungen statt. Hier traten auf: SEATOWN SEVEN, NALDO'S JAZZ FAMILY, WROBEL'S SWING SOCIETY, ROD MASON & HIS HOT FIVE , BEALE STREET JAZZBAND, THE REAL CLIMAX BAND COLOGNE, BLUE WONDER JAZZBAND. Dann stellte die Stadt Wuppertal die Zuzahlungen ein und die Veranstaltungen konnten nicht mehr fortgesetzt werden.

Das tat der Jazz-Szene aber keinen Abbruch, Klaus Nagel hatte wieder mal vorgesorgt und nun fing die Zeit des Wuppertaler Brauhauses an. Hier im Brauhaus, wo neben einer Bühne auch ein viel größeres Fassungsvermögen für die Zuhörer zur Verfügung stand. Mit dem Inhaber des Brauhaus, Herrn Hubinger, wurden Verträge abgeschlossen: das von 1999, 2000, 2001und darüber hinaus alle 14 Tage oder 1mal im Monat Jazzveranstaltungen mit wechselnden Spitzen-Bands durchgeführt werden sollten. Um die Bands und deren Verpflichtung hat sich Klaus Nagel gekümmert. Es spielten die bekannten Bands, aber es waren auch immer wieder neue Bands dabei zum Beispiel The Real Climax, Okay Jazzband, Papa Joes Jazzmen, Barrelhouse Jazzband, Pilspicker Jazzband, Schautermann Tillies Jazz-Band, Südstadt Jazzer, Old Dixie Friends, Henning Paurs New Orleans Wanderer, Papa Boes Viking Jazzband, Basin Street Jazzmann, Holliys Hot Six, TheJolly Jazz Orchestra, Riverboat Jazzband, The Ret Hot Dixie Devils, Braidhouse Jazzmen, Jazz Companny, Jazz Bo-

DUTCH SWING COLLEGE BAND

nes, Papa Joes Jazzmen, Maryland Jazz Band of Cologne, Ruhr River Jazz Band, Beale Street Jazz Band, RS The Old Dixie Tramps Jazzband, Joys of Jazz. Düsseldorfer Altstadt-Ramblers, um nur einige zu nennen.

Es gab aber auch Sonderergastspiele: April 1999 PHIL MASONS New Orleands All Star November, 1999 ROTT MASONS and his Hot Five mit Pauline Pearce Voc. GB., August 2001 THE CHRIS BARBER Jazz & Blues Band, Januar 2002 Les Haricots Rouges Jazz & Cabaret aus Paris, April 2002 Les onze Y tronet aus Wuppertals Partnerstadt St. Etienne, 2005 Dutch Swing College Band.

Auf Sommerfesten der Firma GIRA in Radevormwald spielten Seatown Seven, Bandleader Adrian van Saucken, Doohackedoodles Jazzband, Horst Ressing, Grafschafter Dixie Gang Erhard Miggo, Papa Joes Jazzmen Diddi Zander. Immer waren Jazzfreunde aus unserer befreundeten Gruppe eingeladen.

Den nächsten Abschnitt kenne ich nur aus Überlieferung und aus meiner Erinnerung.

Etwas Kurioses war dann im August 2000 die Gründung des „TRADITIONELL-JAZZ-KLUB“. Gründungsmitglieder waren Hartmut Kohrsmeier, Manfred Langer, Klaus Nagel und der Vorsitzende Klaus Winkler. Man wollte auf keinen Fall Free-Jazz, das war den Traditionellen zu modern. Es ging also nur darum traditionellen Jazz von Rag Time über New Orleans, Swing und Dixieland. Man hatte in kurzer Zeit um die 65 Mitglieder geworben, alles Gäste aus dem Brauhaus. So weit ich mich erinnern kann, war außer Fischers niemand aus unserem Bekanntenkreis dabei, die sich dem Klub angeschlossen hatten. Das ärgerte zunächst auch Klaus Nagel, es kam etwas später aber zum Verwürfnis zwischen Nagel und Winkler, und Nagel stieg aus. Klaus Winkler wollte im puncto Jazz der Bestimmer im Brauhaus werden, was wiederum dem Hausherrn Herrn Hubinger, dem Geschäftsführer des Brauhauses nicht gefallen konnte und so flog Winkler mit seinem Verein aus dem Brauhaus. Das war auch das Ende der Jazz-Szene in Barmen. Klaus Nagel ist im November 2012 verstorben.

Klassischer New-Orleans, Hot-Jazz, Dixieland oder Swing gibt zur Zeit in Wuppertal nur noch im Juni in Wuppertal-Vohwinkel auf dem traditionellen Weinfest, organisiert durch Michael Spitzer.

Hier spielen traditionell die Seatown Seven mit dem 86 jährigen Adrian van Saucken. Mit seiner Band 2022 in der Besetzung: Joachim Sturm (Trompete), Adrian von Saucken (Posaune), Christian Schmidt (Klarinette, Saxophon), Manfred Veit (Banjo, Gitarre), Klaus Desch/ Eberhard Hertin (Piano), Michael Schöneich (Kontrabass), Michael Neusser (Schlagzeug). So spielt die Band heute, 60 Jahre nach ihrer Gründung im Jahr 1962.

Neue Familie

Es war einmal, so fangen alle Märchen an.

Kapitel 1

Die Zeit nach der Bundeswehr

Nach dem Ende meiner Dienstzeit bei der Bundesmarine am 30. September 1962 kam ich zurück in meine Heimatstadt Wuppertal. Es brauchte eine Zeit der Eingewöhnung nach drei Jahren der Abwesenheit. In der Wohnung meiner Eltern musste ich mir mit meinem Bruder Dieter, der zur gleichen Zeit aus der Schweiz kam, wo er drei Jahre als Glaser gearbeitet hatte, ein Zimmer teilen.

Da mein jüngerer Bruder Wolfgang, der 1949 geboren war, nun in die Pubertätsphase kam, stieß die dreieinhalb- Zimmer-Wohnung meiner Eltern an ihre Grenzen. Es musste also erneut etwas passieren, das hieß mit anderen Worten, es war einer zuviel für die Wohnung, das war die Realität. Schon während meiner Dienstzeit hatte ich mir ein Auto der Marke VW bei dem Autohändler Jack Adams bestellt, das sollte gleich nach meinem Ausscheiden von der Marine geliefert werden, was auch zustande kam. Das Auto wurde quasi in Raten von der Bundeswehr bezahlt, da ich nach drei Jahren eine Abfindung von 4.000,--DM bekam. Und unter Anrechnung eines in Zahlung gegebenen alten Fiats konnte der Gesamtbetrag von 4.950,-- DM in 3 Jahren abgezahlt werden. Der Wagen mit der Bezeichnung 1302 hatte die Farbe Rot, mit den runden amerikanischen Stoßstangen vorne und hinten sowie mit einem Schiebedach.

Da ich nach der Zeit bei der Marine keine Arbeit hatte, war meine finanzielle Lage nicht besonders gut. Noch im November konnte ich eine Stelle als Kundendienstmonteur bei der Firma Neckermann antreten, die Kundendienststelle befand sich in einem Anbau der Gaststätte Söhn an der

Uellendahler Straße. Ich erhielt Aufträge zur Reparatur von Elektro-Geräten aus dem Neckermann-Sortiment, das waren Kühlmöbel, Nähmaschinen, Fernsehgeräte, Radios und mehr. Wenn ich die Geräte nicht beim Kunden instand setzen konnte, wurden sie mitgenommen in die Werkstatt oder ein Rücktransport zum Hersteller veranlasst. So ganz füllte mich diese Arbeit aber nicht aus und so hielt ich laufend Ausschau nach etwas anderem.

Natürlich war es mir wichtig, mit meinen 24 Jahren sportlich noch nicht zum alten Eisen zugehören, also meldete ich mich bei der BTG Barmer Turngemeinde an. Da ich in jungen Jahren ja Handball gespielt hatte und auch bei der Bundeswehr immer Sport betrieben hatte, fiel es mir zunächst nicht schwer, in der zweiten Mannschaft zu spielen. Ich fühlte mich sehr wohl in dem Verein, da ja auch meine beiden Brüder in dem Verein waren und auch turnten und Handball spielten.

Dass am Sonntag, dem 28.10.1962 für mich ein Märchen begann, das bis heute noch anhält, hätte ich mir damals nicht vorstellen können. Aber der Reihe nach.

Nach meiner Rückkehr von der Marine besaß ich nur einen taubenblauen Glencheck-Anzug. So kam es mir in den Sinn, ich könnte mal was für mein Vergnügen tun, also zog ich den Anzug, weißes Hemd und Krawatte an und fuhr nach Elberfeld. Ich wusste, das im „HOTEL ZUR POST“ Sonntags nachmittags ab 16:00 Uhr immer ein Tanztee stattfand, also machte ich mich auf dem Weg dorthin. Es war nicht besonders voll und ich suchte mir einen Platz aus, von dem man einen guten Überblick über das Lokal hatte. An einem der Tische saßen zwei junge Damen alleine, man geht ja in das Lokal mit dem Vorsatz, um auch zu tanzen. Nach einigen Tänzen im Wechsel mit den beiden Damen nahm ich an ihrem Tisch Platz, das ging so bis 18 Uhr, dann war hier Schluss. Da aber der Tag noch lang war und man noch was erleben wollte, waren die beiden Damen bereit, nach dem ich mir das Wuppertaler Magazin Sport-Telegramm besorgte und meinen Wagen geholt hatte, weiter zu ziehen. Ich bekam dann mit, wie die beiden tuschelten: rote Haare und einen roten Wagen. Es wurde beschlossen, zu einem weitern Tanzlokal zu fahren und das hieß „RICHTER IN DER BEEK“, diese Lokalität war mir bis zu dem Zeitpunkt völlig unbekannt. Wir fuhren dann gemeinsam dorthin, und es wurde weiter getanzt, wobei ich mit einer der beiden Damen etwas mehr tanzte, die andere war mir etwas zu pummelig. Am Ende des Abends habe ich die beiden Damen noch nach Hause gefahren, beide wohnten in der Südstadt und beide hatten den Namen „Heidi", die pummelige wurde zuerst nach Hause gefahren, die andere etwas später. Mit ihr wurde noch ein Gespräch geführt und es wurde ein weiteres Treffen vereinbart.

Mein roter VW-Käfer

Wir trafen uns, ich glaube es waren zwei Tage später, indem ich sie von ihrer Arbeitstätte, das war der Diskounter Albrecht (später) ALDI in Mettmann abholte.

Inzwischen hatte ich dann auch ihren Namen erfahren, sie hieß HEIDI SCHENK, war 22 Jahre alt und ausgebildete Einzelhandelsverkäuferin beim Feinkostfachgeschäft Fritz Fischer in Barmen, was mir sehr bekannt war. Nach einem Lehrgang zur Kassiererin übernahm sie die Kassenführung bei einer neu eröffneten Aldi Filiale in Langerfeld.

Mein Job war nach wie vor Kundendienstmitarbeiter bei Neckermann. So ergab es sich, dass ich Heidi immer nach Ladenschluss vom Geschäft abholte. Es blieb nicht aus, das man sich näher kam und es begann eine Freundschaft zwischen uns.

Am 6. November hatte Manfred, der Mann von Heidis Schwester Christel, Geburtstag. Bei der Feier am darauf folgenden Samstag war ich eingeladen, das war die Gelegenheit für Heidi mich ihren Eltern Annelise und Otto Schenk vorzustellen. Da Heidis Vater bei der Landeszentralbank beschäftigt war, bewohnte die Familie eine 5 Zimmerwohnung von der Bank in der Wormser Straße. Heidis Schwester war zu dem Zeitpunkt schon verheiratet und wohnte mit ihrem Mann in Cronenberg-Hintersudberg an der Oberheidter Straßer. Hier gab es eine Fabrikation, die ein Pflegemittel mit dem Namen „Glancil“ herstellte.

Da das Anwesen ziemlich groß war und auch die Räumlichkeiten es zuließen, wurde hier oft gefeiert. Robert Schwafert, der Vater von Manfred, war Jäger und in einem Jagd-Club, sodass es im Herbst- und Winter-Halbjahr immer zum Wildessen geladen wurde.

Da ich nach meiner Bundeswehrzeit nicht ohne Sport bleiben wollte, war ich im November in die Barmer Turngemeinde BTG eingetreten, in der schon meine Brüder Dieter und Wolfgang in den Abteilungen Handball und Turnen tätig waren. Ich spielte zunächst in der 2ten Mannschaft Handball und übernahm später die Betreuung der 2. Mannschaft und die der Alten Herren Handballmannschaften. Man traf sich zweimal in der Woche nach dem Training, sowie samstags und sonntags nach dem Spielbetrieb im Vereinslokal der BTG, das war die „Gaststätte zum Landwehrplatz“, die vom Ehepaar Max und Maria Gronewald betrieben wurde. Handball wurde auf der Städtischen Sportanlage am Schönebecker Busch gespielt.

In das Vereinslokal nahm ich am Wochenende auch Heidi mit, die sich dann auch gleich mit den verschiedensten Frauen und Mädchen anfreundete.

Im November 1962 lernte ich Otto Schenk, den Vater von Heidi kennen, der war zu einer Kur in Bad Salzuflen. Die Fahrt dorthin war sehr abenteuerlich, wir fuhren im Wagen von Heidis Schwager Manfred und seiner Frau Christel. In dem Kurort wurde mir mein späterer Schwiegervater vorgestellt. Auf der Rückfahrt war plötzlich Nebel aufgezogen und wir konnten über weite Strecken nur mit Schrittgeschwindigkeit fahren.

Dann kam Weihnachten. Die Feiertage wurden so eingerichtet, dass wir am ersten Weihnachtstag bei Heidis Eltern waren, mit Christel, Manfred und Tochter Bettina, den Tanten Hilde, Irene mit Tochter Petra, und dann gab es ja noch Urommi Ida Schenk. Bettina war erst ein dreiviertel Jahr alt, aber Urommi Schenk war der gute Geist in der Familie. Ich verstand mich sehr schnell mit der Familie Schenk, besonders mit Heidis Vater und Manfred, wozu auch schon mal ein gemeinsames Glas Bier mit beitrug. Der zweite

Weihnachtstag begann vormittags mit dem traditionellen Weihnachtsfrühschoppen der Männer der B T G im Vereinslokal, nachmittags waren wir dann bei meinen Eltern zum Kaffee und zum Abendessen. Hier war Heidi das erste mal für mehrere Stunden bei meinen Eltern und Brüdern Dieter und Wolfgang und konnte so auch meine Familie besser kennen lernen.

Den Jahresabschluss Sylvester 1962 verbrachten wir wiederum mit den Sportskameraden Alfred Steinhausen und Karl-Heinz Thieme mit Frauen in der Wohnung von Alfred, der auch für die Getränke sorgte.

Der Vorwerk-Kundendienst

Kapitel 2

Das Kapitel zwei beginnt mit 2 Überraschungen. Es ist Februar 1963. In der Zeitung las ich eine Annonce der Firma VORWERK & CO, sie suchte einen Kundendienstmitarbeiter mit einer abgeschlossenen Elektroausbildung. Da es schon immer mein Bestreben war, in diesem Unternehmen zu arbeiten, fuhr ich zu der angegebenen Adresse nach Laaken, um mir weitere Informationen zu holen. Da traf ich auf einen Herrn Karl Schairer, das war der Leiter der Kundendienststelle Wuppertal. Der wiederum sah mich an, prüfte meine Unterlagen, es war auch wichtig, daß ich schon bei der Bundeswehr war. Dann die Frage; wann können sie anfangen. Da ich bei Neckermann 14 Tage Kündigungsfrist hatte, konnte ich noch im Februar 1963 die Stelle bei Vorwerk antreten. Ich bekam einen Anstellungsvertrag als Kundendienstmonteur und einen VW Bully als Kundendienstfahrzeug mit der Nr. 419. In dieser Vorwerk-Kundendienststelle Wuppertal gab es im Ganzen 10 Mitarbeiter für den Kundendienst, meine neuen Kollegen waren Fritz Simm, Günter Graumann, Werner Schimpf, Klaus England, Wolfgang Mroczek, Reiner Repp, Adolf Klammke, Siegfried Garbe, später wurden noch 2 weitere Kundendienstmonteure eingestellt. Die Arbeitsaufgabe war, ausschließlich Vorwerk-Geräte zu reparieren, es gab 2 Kühlschranktypen, einen mit Kompressor mit dem Kühlmittel Frigen und Verdichter von der Firma Linde und einen als Absorber mit einer Heizpatrone und Ammoniak (Vorwerk Eigenbau). Den Staubsauger (KOBOLD) mit einer Kehrmaschine eine Bohnermaschine, eine Küchenmaschine, einen Handmixer, später kamen noch Geschirrspüler, und Waschmaschinen dazu.

Die Touren zu den Kunden wurden durch den Kundendienstleiter Herrn Schairer eingeteilt. 5 Tage Kassel durch das ganze Sauerland, mit Übernachtungen oder 3 Tage Hamm, 3 Tage Siegen, ebenfalls mit Übernachtungen, neben den Tagesfahrten Wuppertal, Remscheid, Hagen, Essen, Bochum und Dortmund und die nähere Umgebung um Wuppertal. Vorwerk hatte zu dem Zeitpunkt 1963 elf Kundendienststellen in Deutschland neben Wuppertal, Düsseldorf, Köln, Hamburg, Bremen, Hannover, West-Berlin, Frankfurt,

Nürnberg, Stuttgart, und München. Es gab ca. 450 Kundendienstfahrzeuge in ganz Deutschland, aufgeteilt nach Größe der Kundendiensstelle des jeweiligen Bezirks.

Die zweite Überraschung war dann, dass meine Freundin Heidi und ich einmal nicht aufgepasst hatten, sie plötzlich schwanger war. Das war eigentlich so schnell nicht vorgesehen, aber es war nun mal passiert. Da wir beide nicht damit gerechnet hatten, ging es nun darum, zu überlegen, wie es weiter gehen sollte. Nach dem ersten Schock waren wir uns sehr schnell darüber im Klaren, das wir auch weiter zusammen bleiben wollten.

Als nächstes haben wir dann meine Eltern darüber informiert, dass wir Nachwuchs bekommen würden. Dann haben wir beide zusammen Heidis Eltern davon in Kenntnis gesetzt, was passiert war. Das war nicht ganz so prickelnd. Der Vater von Heidi war zunächst nicht so erfreut, aber das legte sich schon bald und er bot mir das Du an, von nun an war ich einer der Familie. Wenn Otto von der Arbeit aus der Bank kam, war immer erst der Gang in die Wirtschaft „KÖRBI“ zum Dämmerschoppen, dann wurden einige Glas Bier und ein paar Schnäpse getrunken, bevor es nach Hause ging. Otto Schenk hatte einen Tick, er bezahlte immer mit Fünf-DM-Scheinen, die waren zu einem Block zusammen gehalten (leicht geklebt) so das er diese nur abreißen musste.

Nach dem ersten Schock über die Schwangerschaft von Heidi wurde nun zunächst mit der Familie einmal beraten, was in Kürze zu tun sei. Wir legten fest, dass es noch im März 1963 zu einer Verlobung kommen sollte, mit den Eltern von Heidi und meinen Eltern in einem Lokal auf Schloss Burg mit dem Namen „In den Straßen“, wo mit einer angemessenen Verlobungsfeier das erste Kapitel der neuen Familie besiegelt wurde.

Danach ging es dann darum, einen Termin beim Standesamt ein zuholen um den Hochzeitstermin fest zulegen. Es sollte der 30.04. 1963 werden, der dann auch zustande kam. Es gab dennoch große Probleme. Für die kirchliche Trauung musste man damals noch einen Taufschein vorlegen. Da ich in Görlitz (ehemalige DDR) geboren wurde und durch dem 2.ten Weltkrieg alle Unterlagen nicht mehr zur Verfügung standen, gab es zunächst ein Riesentheater mit dem Pastor, weil ich als Katholik evangelisch heiraten wollte. Obwohl ich in der Gemeinde St.Elisabeth zur Kommunion und auch gefirmt war, musste meine Mutter an Eidesstatt erklären, dass ich in Görlitz getauft worden bin. Diesem Pastor bin ich zum Glück nie wieder begegnet. So fand die kirchliche Trauung dann glücklich statt.

Aber vor der Hochzeit gab es natürlich noch einen zünftigen Polterabend, und an dem nahmen einige meiner Arbeitskollegen, aber auch Freunde von der BTG, sowie mein Schulfreund und Trauzeuge Kurt Pröpper mit seiner damaligen Freundin Marion Höhl teil. Von Heidis Familie war ihr Schwager Manfred Schwafert der Trauzeuge.

Am 30.04.63 war dann die Hochzeit, morgens auf dem Standesamt, hier waren dann die Trauzeugen mein Vater Hans und Heidis Vater Otto. Nach dem Besuch auf dem Standesamt und dem Ja-Wort hieß nun auch Heidi Meyer. Danach gingen wir zum Essen in das Speiselokal „Wagner am Mäuerchen“. Am Nachmittag fand die kirchliche Trauung in der Christuskirche

Hochzeitsfoto 1963

in Elberfeld statt. Die Hochzeitsfeier fand wiederum in der Wohnung der Schenks statt, die gesamte Verwandtschaft von Meyers und Schenks feierten. Das Büffet hatte der Wirt der Gaststätte Richard Kürbi zubereitet, der Bruder Karl-Heinz war zur Unterhaltung mit seinem Akkordeon eingeladen. Später wurde auch noch die Braut entführt und in einer nahe liegenden Kneipe aufgespürt, und gegen einen zu zahlenden Betrag ausgelöst.

Bis Anfang August etwa wohnten wir in der Wormser Straße bei Heidis Eltern, die hatten eine 5-Zimmerwohnung, dort stand das frühere Kinderzimmer für uns als Übergangslösung zur Verfügung, bis wir eine eigene Wohnung fanden.

Im August 1963 zogen wir zur Miete in ein möbliertes Einfamilienhaus in der Eintrachtstraße nach Barmen. So langsam wurde Heidi immer runder und es war schon wichtig, dass sie sich auch mal zurückziehen konnte. Einmal die Woche kamen auch ihre Mutter und Ommi Schenk vorbei, um nach dem Rechten zu sehen. Es wurde November und die Tage bis zur Geburt kamen immer näher.

Kapitel 3

Endlich war es so weit. Am 12.11. 1963 wurde unser erstes Kind, ein Junge, in der Wuppertaler Landesfrauenklinik geboren. Nun hatte der BARMER JONG mit seiner Frau endlich eine kleine Familie. Die Vorfreude auf die zu erwartende Geburt war so groß, dass ich mich mit meinen Freunden Alfred und Karl-Heinz schon am Vorabend in einer beliebtenKneipe in Barmen traf, die Wirtin hieß Finnchen, daran kann ich mich noch heute erinnern. Wir gingen, um etwas vor zu trinken. Die Nacht verbrachte ich dann bei Karl-Heinz und musste mit einem Kinderbett als Schlafstelle vorlieb nehmen. Am Morgen danach habe ich dann erst erfahren, dass ich einen Sohn bekommen hatte. Ich fuhr mit einem Blumenstrauß bewaffnet in die Klinik, um meine Frau zu beglückwünschen.

Einige Tage später ging ich dann zum Standesamt, um meinen Sohn anzumelden. Hier gab es gleich den nächsten Schock: mein Sohn sollte den Namen York bekommen, das ging 1963 aber nicht. Nach langen Diskussionen mit dem Beamten musste ein deutscher Vorname gewählt werden, sonst würde der Name nicht eingetragen: also Hans-York. Heutzutage kann man ein Kind Maggi nennen. Circa vier Wochen später wurde der Junge auf seinen Namen Hans–York in der Marienkirche am Mühlenweg getauft. Taufpaten waren Christel Schwafert, Heidis Schwester und mein Bruder Dieter. Den Heiligen Abend und den ersten Weihnachtstag verbrachten wir alleine mit unserem Kind, die Äugelchen blitzten, wenn er die Kugeln und Lichter am Weihnachtsbaum ansah.

Es wurde Februar 1964, ich musste zu einer Kundendienst-Reparatur zu einer Familie Kisselbach in Wuppertal. Man kommt dann immer ins Gespräch mit den Leuten, so auch an diesem Tag. Da wir eine eigene Wohnung suchten, sagten mir Kisselbachs, sie hätten in der Charlottenstraße eine Wohnung in der 4. Etage frei, ich könnte mir die mal ansehen.Gesagt getan, wir machten einen Mietvertrag und zogen in die Charlottenstraße. Das Haus war so um 1900 erbaut worden, wir hatten 4 Zimmer, Toilette auf der halben Treppe, heizen mussten wir mit Kohlen, später hatten wir

2 Öl-Öfen. Das war immer eine Schlepperei mit allen Sachen des täglichen Gebrauchs. Wir wohnten im ganzen mehr als 4 Jahre in der Charlottenstraße. Von meinen Freunden aus der BTG hieß es immer, ihr müsst wieder nach Barmen ziehen, schon wegen der ständigen Hin-und-Her-Fahrerei zum Training, zu den Spielen, zu den Treffen.

Im August 1964 stellten wir fest, dass meine Frau Heidi zum zweiten mal schwanger war, das war wiederum eine Überraschung für uns. Nun hieß, es in absehbarer Zeit eine größere Wohnung zu suchen, hier sprang mir dann der erste Vorsitzende der BTG zur Hilfe. Da Heinz Fels bei der Stadt in der Stadtkämmerei tätig war, besaß er viele Kontakte zu den städtischen Abteilungen, auch zum Wohnungsamt der Stadt Wuppertal. Ich erhielt den Namen eines Bedientesten des Wohnungsamtes, der prüfte meine Angelegenheit und in wenigen Tagen bekamen wir einen Berechtigungsschein für eine sozial gebaute Wohnung.

Es kam das Jahr 1965 und im Februar kam unser zweiter Sohn auf die Welt, wir waren voller Freude, nun hatte der BARMER JONG seine kleine Familie um ein weiteres Familienmitglied erweitert. Der Junge bekam den Namen Guido nach dem bekannten Ratefuchs Guido Baumann aus der Fernsehserie „Was bin ich“. In der Auferstehungskirche auf dem Ölberg wurde der Junge getauft, seine beiden Paten waren Christa Meyer, später Hahne und Wolfgang Meyer. 1968 bekamen wir dann eine dreieinhalb Zimmerwohnung mit Bad und Balkon in der Straße AN DER BERGBAHN zugewiesen, die Freude war groß. 1969 konnten wir das erste mal Urlaub machen, und fuhren mittlerweile mit einem Opel P2, den wir gegen den

Meine neue Familie

VW eingetauscht hatten, nach Katwijk in Holland. Im Jahr 1970/71 wurden meine beiden Söhne in die Grundschule Berg-Mark-Straße eingeschult. Später dann in die Hauptschule Gewerbeschulstraße. Im Mai 1974 wurden beide Jungens in der Lutherkirche auf dem Heidt konfirmiert. Nach weiteren Besuchen von weiterführenden Schulen machten beide eine Lehre, York als Elektrotechniker, Guido als Kaufmann, beide sind erfolgreich in ihren Berufen.

1969 dann mein beruflicher Aufstieg vom technischen Kundendienst in die Kundendienstleitung der Firma Vorwerk. Hier waren wir eine Mannschaft mit 6 Leuten: Winfried Arens, Werner Schade, Horst Mombächer, Friedhelm Heidel, Jakob Noiron und ich. Die Arbeitsaufgabe war es, die 11 Kundendienststellen in der Bundesrepublik und West-Berlin zu betreuen, das waren Wuppertal, Düsseldorf, Köln, Frankfurt a. Main, Nürnberg, Stuttgart, München, Hannover, Bremen und Hamburg. Es wurden Kontrollen bei den Kundendienstmonteuren und ihren Fahrzeugen durch geführt. Aber auch Schulungen mussten abgehalten werden, wenn neue Geräte am Markt eingeführt wurden. Auch Vertretungen der jeweiligen Kundendienstleiter bei Urlaub oder Krankheit waren vorgesehen. Ich hatte die Kundendienststellen Hannover und Berlin, im Wechsel mit Bremen und Hamburg zu betreuen. In die Kundendienstleitung wurde ich berufen, da mein ehemaliger Kollege vom Kundendienst, Wolfgang Fritsche die Leitung verließ und zu einem Unternehmen nach Radevormwald wechselte, dazu später mehr. Für die weiten Fahrten war es wichtig, gut motorisiert zu sein, somit musste alle 2 Jahre mindestens ein neues Fahrzeug angeschafft werden. Es gab Kilometergeld und den Zeitwert des Fahrzeugs, um ein neues Fahrzeug zu finanzieren. Ich hatte mich für Opel entschieden, wegen der Zuverlässigkeit. 2 x Opel Rekord Coupe, 1 x Opel Ascona.

Anzumerken wäre noch, das Vorwerk sehr sozial eingestellt gegenüber den Mitarbeitern war; es gab ein dreizehntes Monatsgehalt, Weihnachtsgeld, Prämien und 30 Tage Urlaub, es war schon ein gewisser Wohlstand zu genießen. 1970 machten meine Frau und ich unseren ersten Urlaub in Tunesien: 2 Wochen in Hammamed. Wir wohnten in einem Bungalow im maurischen Stil, waren auf einem Kamelmarkt in Tunis, kauften 2 Schaffelle, und besuchten ein Beduinendorf.

Danach 1971 machten wir eine Flugreise mit den Kindern nach Rumänien in das Hotel Victoria, wir bekamen 2 Doppelzimmer, und auch bei der Verpflegung gab es gewisse Privilegien. Am Strand war ein Maschendrahtzaun, der trennte die Bürger der DDR von den der BRD, durch den Zaun wurde trotzdem getauscht. Ich bin dann von Konstanza mit dem Schiff 3 Tage durch den Bosporus nach Istanbul gefahren, habe die Hagia Sofia besichtigt (Schuhe aus), bin mit dem Schiff in den asiatischen Teil der Türkei gefahren, es gab noch keine Brücken, in der Altstadt auf dem Basar habe ich eine Lederjacke gehandelt, die noch lange in der Familie getragen wurde.

Von 1973 bis 1979 sind wir jedes Jahr 3 Wochen mit dem Auto nach Spanien gefahren, eine Strecke Wuppertal-Sagunto (Spanien) sind 1.800 km. Die Stadt Sagunto liegt ungefähr 30 km vor Valencia und hat ca. 60.000 Einwohner, der Ort, wo wir einen Bungalow bewohnten, hieß Playa Sagunto. Gleich am Strand (Costa Dorada), ein kleines Bungalowdorf, umgeben von Orangenplantagen, eine deutsche Familie aus Frankfurt hatte in den 60 ziger Jahren dieses Anwesen gekauft, zu einem äußerst günstigen Kurs. Die Familie Peikert, er Franz, sie Waltraut und 2 Kinder, Franz-Michael, Sandra.

Wir bekamen fast fast immer den gleichen Bungalow, es waren auch meistens die gleichen Familien mit ihren Kindern da, Familie Laibin mit Tochter, Familie Wacecha mit den Jungens und es gab immer Grillabende, es war wie eine große Familie, es war immer jeder Tag ein richtiger Urlaubstag. Am Strand war ein altes Fischerhaus, in dem man Getränke, Eis, oder kleine Gerichte (Tapas), Schnecken oder eine Paella Valenzianischer Art, von der Großmutter zubereitet, bekommen konnte.

In der Zeit hatten wir mehrere Autos, mit denen wir die Fahrten unternommen haben; da waren z.B. 2 Opel Rekord Coupe, 1 Opel Ascona, 1 Alfa Romeo Alfetta. Doch die Fahrten zum Urlaubsort waren oft abenteuerlich, die erste Fahrt ging noch von Wuppertal über Belgien, Brüssel, dann Paris Nord, durch Paris bis Lyon über Autobahnen, aber von Lyon aus gab es nur Landstraßen durch den Süden Frankreichs über die spanische Grenze bis Girona, von da bis Barcelona war eine Autobahn, durch Barcelona bis Sagunto nur die Nationalstraße. Im ersten Jahr haben wir in Avignon übernachtet. Im zweiten Jahr 1974 konnten wir in Wuppertal auf die Autobahn gehen und durchfahren über Paris, Lyon, Nimes, Montpellier, Bizers, Narbonne, Grenze Spanien Perpignan. Wir übernachteten in La Jonquera im Gasthof La Masia, das Bauernhaus (katalanisch), weiter die fertige Autobahn über Girona, um Barcelona herum über Tarragona, Castello bis Sagunto. Nun gab es eine durchgehende Autobahn-Verbindung von Deutschland über Belgien und Frankreich nach Spanien. Wir sind auch einmal über Freiburg, Mulhouse, Besancon, Chalon, Lyon gefahren, und zurück über die Schweiz. Genf, Lausanne, Bern, Basel, Freiburg, Wuppertal. Das letzte Mal waren wir 1989 in Sagunto, danach wollten wir uns den Fahrstress nicht mehr antun. Nachdem unsere Kinder in dem Alter waren, dass sie nicht mehr mit den Eltern Urlaub machen wollten, haben meine Frau und ich im Sommer nur noch Flugreisen unternommen.

Mit einer damals befreundeten Familie waren wir 2 mal auf der Insel Djerba, danach viele Jahre auf Gran Canaria, es wurden immer Ferienwohnungen angemietet, in der Ferienanlage Caracas 2, in der Anlage Nara, und in der Anlage Duna Sol. Zum 40zigsten Geburtstag von Heidi wohnten wir im Hotel Catarina-Playa, wir fuhren mit einem Mietwagen nach Mogán, dem Venedig Gran Canarias.

Es wurden Ausflüge gemacht nach Valencia zum Shoppen, und zum Stierkampf in der Arena von Valencia. Die meiste Zeit wurde immer am Strand verbracht, es ging morgens von Playa de Ingles bis nach Maspalomas, das ist eine Strecke von 7 km, hier steht der Leuchtturm, und es gab kleine Lokale mit Leckereien und alles, was aus dem Meer kam.

Auch an den Swimmingpools in den Anlagen wurde sich aufgehalten und gefeiert, so auch die Fußball WM in Italien „es gibt nur ein RUDI VÖLLER“. Später ist ganz Maspalomas mit Hotels zu Touristen-Hochburgen ausgebaut worden und das Romantische eines Fischerdörfchens war dahin; wir sind nicht mehr nach Gran Canaria geflogen.

Kapitel 4

Es war das Jahr 1972, als ich plötzlich einen Anruf von meinem ehemaligen Freund und Kollegen Wolfgang Fritsche bekam, der teilte mir mit, dass seine Stelle bei der Firma GIRA, zu der er 1969 gewechselt war, frei würde. Das kam so: er wechselte innerhalb des Unternehmens in eine neu gegründete Abteilung, sodass seine bisherige Stelle frei würde und ich mich bewerben könnte. Was ich dann auch sofort durchführte, die Stelle wurde so beschrieben: Fachberater für das Elektrohandwerk, Elektroplaner, Architekten und Behörden wie Hochbauämter. Voraussetzung war eine abgeschlossene Elektriker-Ausbildung und ein sicheres Auftreten, das brachte ich alles durch meine Tätigkeiten bei Vorwerk mit. In einem Telefonat mit dem Verkaufsleiter wurde ein Termin zur Vorstellung bei der Firma GIRA in Radevormwald gemacht. GIRA ist übrigens die Abkürzung von GIersiepen RAdevormwald. Zu dem angegebenen Termin fuhr ich dann nach Radevormwald, um mich vorzustellen, an einer Eingangstür erwartete mich ein Mann mit ziemlichem Gewicht und ca. 1,90 Meter Größe, sein Name war Horst Syberg, er empfing mich in Hemdsärmeln, wie man so sagt, er bat mich, mitzukommen und es kam zu einem ca. 2 stündigen Gespräch, was sich als sehr erfolgreich für mich abzeichnete. Von der Seite Herrn Sybergs könnte ich mit einer Anstellung rechnen, aber da war ja noch der Chef des Unternehmens Herr Werner Giersiepen und der war zur Zeit noch auf Reisen. Es wurde mir zugesagt, in den nächsten Tagen einen Bescheid über eine Anstellung zu erhalten, die dann auch erfolgte mit dem Ausgang, daß man mich gerne für die Stelle als Fachberater einstellen würde. Somit konnte ich meine Stelle bei Vorwerk kündigen und zum 1.9.1972 bei der Firma GIRA anfangen. Ich bekam einen Vertrag als Angestellter mit einem honorigen Gehalt, weit noch über dem, was ich zuletzt bei Vorwerk hatte, einen hohen Spesensatz, Kilometergeld angemessen, Geld für Zigaretten sowie Prämien bei erfolgreichen Abschlüssen.

Was ist die Firma GIRA und was stellt sie her? Bis Ende der 60er Jahre wurde noch unter E I firmiert, das hieß Elektrotechnische Industrie, dann wurde der Name GIRA als Markenzeichen eingeführt. Das Unternehmen ist ein Familienbetrieb und wurde 1905 in Wuppertal durch die Brüder Gustav und Richard Giersiepen gegründet. Gustav zog 1908 nach Radevormwald, Richard nach Bergisch Born, es wurden zunächst Stöpselköpfe und weitere elektrotechnische Produkte hergestellt, den Durchbruch hatte man in den 20er Jahren mit einem Doppelriegelschalter für die Elektroinstallation. Später wurden Schalter und Steckdosen mit Porzellansockel hergestellt, heute ist alles aus Kunststoff, Duroplast und Thermoplast.

Das Familienunternehmen GIRA wird in 3ter Generation geführt zur Zeit durch 4 Vettern als Geschäftführer, jeder mit einem eigenem Ressort, Werner Giersiepen verantwortet den Allgemeinbetrieb mit Einkauf und Verkauf, Heinz Giersiepen ist für Finanzen verantwortlich, Helmut Giersiepen für die gesamte Technik, Heinz Otto Giersiepen für den Werkzeugbau und den Maschinenpark.

Ich wurde als Fachberater im Außendienst eingestellt, meine Arbeitsweise sollte, wie schon erwähnt, der Besuch bei Elektroinstallateuren, Elektroplanern, Architekten und Behörden sein. Da es in Nordrheinwestfalen 2 Vertreterbezirke gab, in dem die 2 Vertreter Günter Schickhaus und Kurt Rummenhöller ausschließlich den Elektrofachgroßhandel zu betreuen hatten, blieb ihnen wenig Zeit für weitere Besuche anderer Zielgruppen, das sollte nun meine Aufgabe sein. Es gab aber auch Veranstaltungen wie Thekenberatungen, wo in den Großhandlungen an den Verkaufstheken unsere Produkte und Neuheiten dem Elektrohandwerk präsentiert wurden. Dazu kamen Ausstellungen und Messen z.B. (Hannover Messe 1 mal im Jahr).

In den Vertreterbezirken gab es die so genannten weißen Flecken, wo der Handwerker ein anderes Fabrikat verarbeitete, hier musste Überzeugungsarbeit geleistet werden, daß GIRA die bessere Alternative sei. Es gab also im Schalter- und Steckdosenbereich mehrere Programme für in die Wand, Unterputz-Programme, Standard kleine Wippe und den ersten Flächenschalter in der Branche mit einer große Wippe. Es gab zunächst weiße Flächen, dazu kamen später Gold- und Silber-Einlagen in der Fläche. Weiter gab es auch Schalter für auf die Wand, wassergeschützte Geräte Aufputz und Unterputz. Das war 1972 das Sortiment, GIRA brachte dann eine Neuerung in den Markt, das war der Flächentastschalter: hier kam die Wippe nach jedem Schaltvorgang in die Ausgangsstellungsposition zurück (bis heute konkurrenzlos).

Im Jahr 1975 kam dann ein völlig neues Design in Form und Farbe auf den Markt, nach dem Entwurf des Professors Odo Klose hieß das Programm „S Komfort", das Schaltelement war rund und dunkelbraun, die Grundplatte Bronze. So ein Programm war dem Möbelstil der 70er Jahre angepasst und der ganze Wettbewerb folgte. Es war über 20 Jahre das Erfolgsprogramm.

Ein weites Highlight entstand 1985: ein neues Programm zum ersten Mal aus dem Werkstoff Thermoplast und in 8 verschiedenen Farben, weiß, rot, blau, grün, gelb, braun, schwarz und grau. Das Programm hat den Namen S-COLOR, besaß eine runde Schaltwippe, die Grundplatte und der Rahmen alles aus der gleichen Farbe, angepasst an die Türbeschläge der Firma Hewi. Das Programm gibt es heute noch in abgespeckter Version mit nur noch 5 Farben.

Von 1977 bis 1980 habe ich kommissarisch eine Aufgabe übernommen, die Betreuung einer Elektrogroßhandelskette in Frankfurt a.M., diese hatte das Allein-Verkaufsrecht für das Land Hessen, aber keinen Vertreterbezirk von GIRA und somit keinen Ansprechpartner. Ich bin alle 14 Tage nach Frankfurt und zu den Filialen in ganz Hessen gefahren, um aufgetretene Probleme zu lösen. Später hat GIRA einen Vertreter für dieses Gebiet eingestellt.

In dem Zeitraum um 1980 gingen die beiden Vertreter in NRW in den Ruhestand, so kam die Frage auf, wer die Nachfolge antreten sollte, mein Kollege Helmut Zander, der auch das Ruhrgebiet als Fachberater bereiste, und ich wurden gefragt, ob wir nicht die vorhandenen Vertreterbezirke übernehmen wollten. So wurden aus Fachberatern Bezirksleiter. Ab nun wurden Großhandel und die Zielgruppen besucht.

Mein neuer Reisebezirk waren nun die kreisfreien Städte Wuppertal, Solingen, Remscheid, Leverkusen, Köln, Aachen, Bonn, Mönchengladbach, der Oberbergische Kreis, der Rhein- Sieg Kreis, der Westerwald-Kreis, Teile des nördlichen Rheinland-Pfalz mit der Stadt Koblenz und Umgebung. Nachdem ich Mitte der 80er Jahre zu der Feststellung kam, daß der Reisebezirk einfach zu groß war, wurde der Bezirk ab Bonn und Rheinland-Pfalz, in einen neuen Bezirk aufgeteilt. Nach Süden mit Rheinland-Pfalz, Siegburg, Troisdorf, dem Westerwald mit den Städten Hachenburg, Altenkirchen, Westerburg, Neuwied und Koblenz, sowie die südliche Eifel mit Andernach, Mayen und Cochem. Diesen neuen Bezirk bekam der Bezirksleiter Winfried Jeandree, ein netter Kollege, seine Lebensgefährtin hieß mit Vornamen Marianne.

Durch das Ausscheiden der beiden älteren Kollegen in den Ruhestand wurden auch die Bezirke neu aufgeteilt. Da die Bezirke vorher zu groß waren, wurden neue Kollegen gesucht. Für den Bezirk Niederrhein, Düsseldorf, Krefeld, Kleve war es Walter Grote, seine Frau heißt mit Vornamen Helga. Der Bezirk westliches Ruhrgebiet Essen, Gelsenkirchen, Bochum und das Münsterland übernahm Helmut Zander, seine Frau heißt mit Vornamen Christel. Den Bezirk östliches Ruhgebiet Dortmund, Soest, das Sauerland, und Siegen übernahm Wolfgang Reichert, seine Frau heißt mit Vornamen Christa. Den Bezirk Ostwestfalen mit Bielefeld, Osnabrück übernahm Günter Toppmöller, seine Frau heißt mit Vornamen Rosemarie.

Zu meinen Außendienstkollegen entstand eine ganz persönliche Beziehung, so ergab es sich, das wir uns auch privat trafen. Es wurde ein Kochabend mit Frauen im RWE-Kochstudio Essen durchgeführt, die Organisation hate Christel Zander und eine Frau Ulla von RWE. Das Ganze wiederholten wir im Kochstudio in Bottrop, danach ging es ins Brauhaus unddann ins Hotel. Auch hier hatte Familie Zander die Organisation.

Durch die guten Beziehungen zu Werner Giersiepen wurde der Kreis immer größer, zudem nun auch schon einige Kollegen zu Jubilaren wurden. Da schon einige Kollegen in Rente gingen, traf man sich häufiger. So fanden Treffen statt, bei denen wir eine Sternfahrt nach Wuppertal machten : Wuppertal, Müngstener Brücke, GIRA Radevormwald, Sommerfest. Auch trafen wir uns in den verschiedensten Restaurants bei gemütlichem Essen und Quasseln, immer dabei die Frauen, so auch im „Restaurant Futterplatz“ in Wuppertal, der „Hufschmiede“ in Radevormwald, dem Restau-

Werner Giersiepen mit seinen Freunden in der „Hufschmiede"

Treffen der Ehemaligen mit Frauen

rant „Chicago“ in Essen (vorher „Schwarze Lene“), zuletzt im Restaurant „Landhaus Önkfeld“ in Radevormwald. Wir waren bei Thyssen Krupp in Essen zu einem Info-Besuch mit Führung durch das Unternehmen, mit anschließendem Besuch im damaligen Restaurant „Schwarze Lene“ zum Essen. Es gab einmal monatlich in der Kantine bei Gira einen Skatabend, an dem auch die Geschäftsführung teilnahm, an dem auch einige Rader Bürger teilnehmen konnten. Hier gilt ein besonderer Dank an Tina Kaminski für die ausgezeichnete Bewirtung.

Für die ausgezeichnete Organisation der Jubilarfeiern einmal im Jahr geht der Dank an Simone Zimmermann, die auch gleichzeitig Chefsekretärin ist.

Zu unserem, ich nenne es mal „Treffen der ehemaligen Mitarbeiter“ kamen weiter hinzu der Verkaufsleiter West, Klaus-Dieter Keller mit seiner Frau, Vornamen Regine. Der Vertriebsleiter Matthias Stangenberg mit seiner Frau Heidi. Mein Nachfolger, der Bezirksleiter Martin Kleimann mit seiner Frau Petra, Und nicht zuletzt der ehemalige Geschäftsführer Dirk Giersiepen mit seiner Frau Jutta. Und der Vertriebsingenieur Peter Taschner.

Es gibt noch viele Mitarbeiterinnen und Mitarbeiter, mit denen ich im Laufe der Jahre immer mal zu tun hatte. Da sind zum Beispiel vom Vertrieb die Frauen N. Schreiber, C. Füllbeck, A. Huckenbeck, Frau Wönkhaus, Frau Gisela Bernhard, Frau Biesel, Frau Tscheschlog, Frau Klingenberg, Frau Franke, Frau Schröder, Frau Holland-Letz. Aus der Technik die Herren Knut Fliege, Karl Kleinert, Thomas Lange. Aus dem Marketingbereich die Herren Hessler und Merx.

Auch mein holländischer Freund Fred van der Snel, seinerzeit Vertriebsingenieur. Nicht zu vergessen der österreichische Verkaufsleiter Alois Kleber, um nur einige zu nennen.

In den Jahren 1986/87 wurden die ersten Leasing-Fahrzeuge der Marke Mercedes Benz, die Limousine E 190 angeschafft, nach 3 Jahren die Feststellung, die Fahrzeuge sind für den Außendienst zu klein, die dann folgenden Wagen M B 200 TE, das waren Kombifahrzeuge mit einer größeren Zulademöglichkeit.

Auch gab es 1987 einen neuen Verkaufsleiter für die westlichen und

Mittelöstlichen Vertretergebiete: Klaus-Dieter Keller, seine Frau mit dem Vornamen Regina.

Mit dem Fall der Mauer und dem Aus der DDR waren wir vom GIRA-Außendienst bereit, Aufbauarbeit in den neuen Bundesländern zu leisten. Von den fünf neuen Ländern wurde mir das Land Sachsen-Anhalt zugeteilt. Ich fuhr von Magdeburg nach Duderstadt im Süden, bis nach Stendal im Norden und in die umliegenden Städte.

Jede Woche reiste ich von Montag bis Freitag, von Januar bis März. Zum Übernachten fuhr ich jeden Abend zurück nach Helmstedt, denn nur von dort konnte ich mit dem Autotelefon telefonieren, um der Firma meine Aufträge durchzugeben. In den neuen Ländern bestand noch kein Funknetz, im März wurde für den Bezirk ein neuer Mitarbeiter Außendienst eingestellt. An insgesamt 25 Hannover-Messen kann ich mich noch erinnern, an denen ich teilnahm, wir waren immer privat untergebracht. Anfangs wohnte ich bei Familie Wohlers in Hannover-Kleefeld, später viele Jahre bei Familie Druiwenga in Hannover-Misburg. Hier wohnten wir, das war Matthias Stangenberg, Vertriebsleiter, Martin Fischer, später Exportleiter und ich. Es mögen ca. 20 Jahre gewesen sein, die wir bei Druiwenga immer zur Messezeit gewohnt haben, wir gehörten praktisch schon zur Familie.

1997 war mein 25jähriges Firmenjubiläum. Als Bezirksleiter wurde ich als Jubilar gefeiert und konnte somit auch an den Jubilarveranstaltungen teilnehmen, die die Firma einmal im Jahr groß mit allen Jubilaren feiert. Krankheitsbedingt musste ich dann zum Ende des Jahres 1998 mein Arbeitsverhältnis mit GIRA beenden.

Vom Tag meiner Einstellung bis zu meinem Ausscheiden aus dem aktiven Dienst und den Weg in die Rente habe ich viele Meilensteine mit dem Unternehmen GIRA erleben dürfen. Angefangen hat alles in einem Gebäude an der Weststraße in Radevormwald, wo Büros und Fertigung untergebracht waren. Der Versand war ausgelagert und fand in angemieteten Hallen statt. Die Herstellung der Stanzteile fanden bei PSW (Press und Stanz-Werk) statt, auf einem anderem Gelände an der Dahlienstraße. 1980 wurde der erste Gebäudekomplex, ein Bürohaus an der Dahlienstraße errichtet. 1992 wurde dann einweiteres Bürohaus erstellt, da das 80er Gebäude aus allen Nähten platzte. Die Belegschaft war inzwischen auf über 1.000 Mitarbeiter angewachsen. Es wurden 2 weitere Doppelfertigungshallen erstellt für Spritzmaschinen. PSW wurde so in GIRA integriert. Auch gab es viele Sommerfeste auf dem Werksgelände, wo ich mehrmals für die Musik, den Jazz, gesorgt habe. 2018 wurde der GIRA CAMPUS an der Röntgenstraße eingeweiht, hier durften auch die Pensionäre und Jubilare an der Eröffnungsfeier teilnehmen.

Der ehemalige Verkaufsleiter Horst Syberg, sowie die ehemaligen Gesellschafter Werner Giersiepen, Helmut Giersiepen, Heinz Otto Giersiepen, sie alle leben nicht mehr. Auch die 4te Generation mit Dirk Giersiepen ist 2022 in den Ruhestand eingetreten, sodass seit dem Zeitpunkt kein geschäftsführendes Familienmitglied mehr in dem Unternehmen tätig ist.

Auch wenn sich der Barmer Junge fast 25 Jahre im Ruhestand befindet, der Kontakt ist noch nie abgerissen zu dem Unternehmen, es gibt immer noch Austausch, entweder telefonisch oder bei Treffen mit den Kollegen, den ehemaligen Chefs, was auch meistens durch mich arrangiert wurde und durchaus als gesellig zu beschreiben ist, wobei selbstverständlich auch immer die Frauen mit eingeladen sind.

Mit meiner Frau Heidi Meyer mache ich noch mehrmals im Jahr Urlaub, wir fahren dann nach Norden, Norddeich an der Nordsee, was uns klimatisch sehr bekommt, hier bewohnen wir seit fast 20 Jahren eine Ferienwohnung. Aber auch eine Kreuzfahrt, die uns bis nach Marokko führte, wo wir anschließend noch mehrmals nach Agadir flogen und uns wohlfühlten. Oder eine Flusskreuzfahrt auf der Donau, über Wien nach Budapest mit einem anschließendem Urlaub am Bodensee.

Am dreißigsten April 2023 feierten wir unseren 60. HOCHZEITSTAG !

Freunde, Geselligkeit

Nachdem wir 1968 in die Straße AN DER BERGBAHN gezogen sind und so wieder näher am Sportverein BTG und Freunden waren, entstand für uns ein ganz anderes Leben. Wir lernten neue Leute kennen, wir hatten neue Nachbarn, eine Familie Thiele, die passten auch schon mal abends, wenn wir zu einer Veranstaltung waren, auf die Kinder auf.

Im Fischertal hatte ein Sportlerlokal eröffnet, der Wirt Joseph Eick, ein Tennislehrer und Schlachter von Beruf, und seine Frau Monika Eick, eine frühere Arbeitskollegin meiner Frau. So ergab es sich, dass man sich da auch mal zum Essen traf. Spezialität: gegrillte Schweinshaxe. Hier lernten wir auch eine Familie Schulz kennen, Rüdiger und Gerda, auch die hatten 2 Kinder, Inken und Suzann, so wurde unser Kreis mit Freunden immer größer. Schulz wohnten in der Ottostraße, der Hausherr von ihnen hatte ein kleines Ferienhäuschen auf der Insel Langeoog in der Nordsee. In den Herbstferien mieteten Schulz das Haus und wir wohnten dann oben und Schulz unten, der Preis wurde geteilt. Wir spielten mittlerweile auch zusammen Tennis, was uns Jupp Eick beigebracht hatte. Rüdiger war Werksingenieur bei Ford in Wülfrath, er bekam jedes Jahr ein neues Auto, eines davon kaufte ich ihm ab, ein Ford Granada 2,3 lt. 150 PS Leider war das kein guter Kauf, das Auto hatte ständig Mängel. Rüdiger nahm es mit seiner Ehe nicht so genau, ging oft fremd, das gefiel uns gar nicht und die Freundschaft ging in die Brüche. Später sind sie dann nach Papenburg gezogen, wir haben niemals mehr was von ihnen gehört.

Aber wir lernten auch andere Leute kennen, so z.B. Vogels sen., Kreutzers, Volle, Nagel um nur einige zu nennen. Man traf sich beim Eick im Fischertal. So ergab es sich, das Klaus Nagel eines Tages sagte, er habe einen guten Freund, der wohne in Elberfeld und möchte nach Barmen. Er suche eine Wohnung. Ein Herr Kriegeskorte, Besitzer einer Buchdruckerei, hatte auch ein Haus in der Albert-Molineus-Straße, wollte aber keine Familie mit Kindern. Da der Freund einen Sohn hatte, der aber schon älter war, konnten wir Kriegeskorte überzeugen, daß das der richtige Mieter sei. Dann bringt Klaus Nagel den Freund mit, und dann stellen wir fest, dass wir uns von früher kannten, von der Oma Paschoff. Kurt Federhenn, genannt „FILAX“ mit seiner Frau Heidi, die er in der Mählersbeck beim Tanzen kennen gelernt hatte. Er bekam die Wohnung und alle halfen bei der Renovierung mit.

Kurt ist ebenfalls ein Barmer Jong aus der Leimbach und 1938 geboren wie ich, der Barmer Jong hat am 26.3. Geburtstag, eine Woche nach mir. Kurios: auch seine Frau hat im August, eine Woche nach meiner Frau Geburtstag, beide 1940 geboren, beide heißen Heidi. Wir sahen uns ab nun jede Woche und spielten Skat, Kurt war nie ein guter Spieler, was ihn aber nicht störte. Die Federhenns fuhren einen NSU Prinz, hatten einen Garten an der Lockfinke, eine Laube, aber kein Wasser und keinen Strom, Kerzen, Petroleumlampen sorgten für Licht und Gemütlichkeit, Wasser war an einer Sammelstelle abrufbar. Im Sommer hielten wir uns fast jedes Wochenende im Garten auf, es wurde so manches Fest gefeiert. Mit den Nagels kegelten Federhenns in einem gemischten Kegelclub „INTIM“, der war aber zunächst voll belegt und wir ließen uns vormerken, wenn ein Pärchen austreten sollte.

Wir lernten immer mehr Leute kennen, da waren die Müllers (Uschi + Jochen), Jäger (Monika + Hartmut), Jung (Gaby + Herbert), Nagel (Marion + Klaus), Strümpler, Gosemann, Röser, Atland (Sabine + Wolfgang), Marquard (Inge + Uli).

Später, ich glaube es war 1988, da bekam mein Freund Filax einen schöneren Garten mit einer Gartenlaube aus Stein, mit Wasser und Licht und einer Toilette in der Gartensiedlung „IM SPRINGEN“. Das Feiern nahm kein Ende, ob Geburtstage, es gab immer einen Anlass, Osterfeuer, Himmelfahrt (Vattertag) oder sonstige Feste.

Oft, wenn ich von meiner Tour kam, habe ich im Garten meine Hausaufgaben noch gemacht, damit die Post am nächsten Morgen in der Firma war. Ich habe an den Wochenenden geholfen, den Rasen zu mähen oder Hecke zu schneiden, es gab immer was zu tun in so einem Kleingarten. Unsere Freundschaft hat weiter hin Bestand, auch die beiden Frauen verstehen sich. Nach ca. 25 Jahren wurde meinem Freund der große Garten zuviel und er bekam in der Siedlung einen kleineren Garten, eine neue schöne Laube, er brauchte keine Hecke mehr zu schneiden, nur noch einen überschaubaren Rasen zu mähen, was im Alter ein Vorteil ist. Der Nachteil ist, dass man. um zu dem Garten zu kommen, viele Treppen steigen muss. 100 Stufen runter, das geht noch, aber 100 Stufen rauf, da hat man im Alter schon mal ein Problem mit der Luft und den Beinen. Die Zufahrt zum Parkplatz können nur noch Gartenbesitzer nutzen und keine Gäste mehr. Dadurch halten wir uns mittlerweile weniger als früher im Garten auf, aber Feste werden auch im neuen Garten gefeiert.

Auch mit meinen Freunden von der BTG hielt ich weiter Kontakt, so trafen wir uns meistens Freitagabend zum Skat spielen, das fand dann reih um jede Woche bei einem anderen statt. Da waren Alfred Steinhausen, Günter Grabowitz, Heinz Schröder und ich, es wurde in eine Kasse gespielt, von dem Geld wurden dann Skattouren finanziert, die gingen über Sylt, da hatte Günter ein mit Reet gedecktes Haus, von einer Klientin, genannt „Hille Hus“, wir waren beim Kunibert dem Fiesen in Bad Breisig, machten eine Kreuzfahrt nach Oslo und eine Kreuzfahrt nach Kopenhagen, vorbei an der Kleinen Meerjungfrau, wohnten im Royalen Viertel, und besuchten das Vergnügungsviertel, den „TIVOLI PARK“. Mittlerweile ist das auch alles Geschichte, denn alle unsere Freunde leben schon lange nicht mehr.

Eines Tages kommt Klaus Nagel mit der Idee, wir gründen einen Herren Kegelclub, ich habe schon fünf Leute angesprochen und die sind alle begeistert. Walter Beckmann, Helmut Gosemann, Heinz Röser, Horst Strümpler, Jochen Müller, ich brauche nur noch sieben Leute, dann sind wir 12 und können auf 2 Bahnen kegeln. Mein Freund Filax und ich gaben unsere Zusage, dann konnten wir noch 4 Männer dazu gewinnen, das waren Manfred Bockhacker, Hans Hermes, Hubert Vogel, Karl-Heinz Kreutzer und natürlich Klaus Nagel. Er sollte auch der erste Präsident werden, das Kegellokal war die Gaststätte Laternchen in der Gosenburg, da befanden sich2 Bundeskegelbahnen. Es gab Satzungen und das Kegeln sollte alle 4 Wochen, also einmal im Monat, an einem Freitag von 20.00 bis 23.00 Uhr stattfinden. Ein Name für den Club war schnell gefunden, und zwar „LATERNCHEN 77“, das war das Gründungsjahr. Es wurde in die Kasse gespielt, in die auch der Beitrag eingezahlt wurde, hiervon sollten dann ein Teil der Kegeltouren bestritten werden. Es wurden Touren gemacht nach Mallorca mehrmals, Bad Breisig, Boppard viele Male, Sauerland Hotel Stockhausen, Willingen Waldecker Hof, 2 mal immer mit dem Zug oder Flugzeug, nie mit dem Auto.

Es gab aber auch eine Fluktuation, so nach 3 bis 5 Jahren veränderte sich der Club, es gingen Leute und es kamen neue Leute in den Club: Peter Krummenast, Eckart Kiep, Hartmut Schröder, Jochen Heinrichs, Eckhart Hammich, Horst Steinmetz, Uli Ihde, Gerhard Voll.Mein Freund Horst Steinmetz, mit dem ich 40 Jahre befreundet war, war auch der beste Linkskegler in unserem Club, er verstarb leider viel zu früh. Auch ich bin 1991 ausgestiegen, das hatte aber familiäre Gründe.

Als Gast wurde ich immer eingeladen, die Kegeltouren mitzumachen, mit einem Fährschiff noch Oslo oder mehrmals auf die Insel Borkum.

Den Club gibt es nicht mehr, die Gaststätte ist zu, die meisten sind gestorben, 3 Männer, nämlich Peter Krummenast, Kurt Federhenn, Gerhard Voll und ich treffen uns alle 4 bis 6 Wochen in einer anderen Gaststätte zu einem Gedankenaustausch, bei einem Glas Bier und Mettbrötchen.

Es ergab sich dann, dass auch im gemischten Kegelclub „INTIM“ Paare austraten und so waren nur noch Kurt + Heidi Federhenn, Hartmut + Monika Jäger vom ehemaligen Club über geblieben. Nun konnten meine Frau Heidi und ich neben den Familien Ilse + Eckart Kiep, Gaby + Wolfgang Koltonik, Peter + Karla Krummenast als neue Paare den Club aufrechterhalten, es gab auch hier Satzungen, gekegelt wurde alle 4 Wochen samstags von 20 bis 23 Uhr. Kegeltouren fanden ebenfalls statt, auf die Insel Norderney, mehrmals auf die Insel Borkum. Es gab immer mal wieder Probleme mit den Wirtsleuten, Pächterwechsel, Gaststätte geschlossen, sodass sich der Club letztendlich irgendwann auflöste.

Im Sommer 1980 waren wir das erste Mal zu einem Jazz-Festival nach Venlo in den Niederlanden gefahren, organisiert durch Klaus Nagel, wir waren 5 Familien, Meyers, Federhenns, Gosemanns, Ostersehlte, die in einem Hotel direkt am Markt wohnten, wo auch die Musik spielte. Ich

Meine Frau Heidi

Meine Freunde Filax, Litza, Willy

Familie Meyer/Hahne

Mein Sohn York, Enkel Richard

kann mich noch gut erinnern, es hat am Samstag und Sonntag immer mal wieder geregnet und die Veranstaltung fand im Freien statt.

Als wir zurück nach Wuppertal kamen, gab es noch ein Ereignis, meine Frau Heidi hatte ihren 40-zigsten Geburtstag und es sollte noch ein besonderes Geschenk geben. An der Haustür angekommen, gab ich ihr einen Schlüssel, das dazu gehörige Fahrzeug musste sie auf der Straße suchen, es war ein 126ziger FIAT, auch „BAMBINO" genannt. Da war die Freude groß, endlich ein eigenes Auto. Nachteil: da es sich um ein Gebraucht-Fahrzeug handelte, lief bei Regen irgendwo Wasser in das Fahrzeug, es konnte nicht festgestellt werden, wo die undichte Stelle war. Daraufhin machten wir ein Loch in den Boden und das Wasser konnte ablaufen. Er hat nur einige Jahre gehalten, dann wurde er wieder verkauft.

Mittlerweile hatten wir uns auch von dem Wirt und Tennislehrer Eick getrennt, und wir waren 5 Leute, die sich jeden Samstagvormittag zum Tennis spielen in der Halle von Artur Schröder auf Löhrerlen trafen. Nachdem wir uns von Rüdiger Schulz getrennt hatten, spielten Eckart Kiep, Hans-Peter Meier, Eckhard Hammich, Lothar Block und ich im Wechsel. Nachdem die Halle geschlossen wurde, spielten wir in der Halle von Körs im Rauental. Auch das ging nur einige Jahre gut, dann wurde eine Halle umgebaut zu Kleinfeld-Fußballplätzen. Das war für uns das Signal, auch unsere Halle wird davon bald betroffen sein, und so war es dann auch, nach gut einem halben Jahr wurden wir gekündigt und standen ohne eine Halle da. Wir haben uns dann aufgelöst, Block musste zum Babysitten zu seiner Tochter, Hammich konnte nicht mehr laufen und so war Tennisspielen Geschichte. Das sollte aber nicht das Ende unseres Treffens am Samstag sein, also trafen wir uns weiter jeden Samstag in der Gaststätte Heidkrug zum fachsimpeln, das konnte auch mal länger anhalten, da auch noch Nagels, Federhenns, und Fuckel sich dazu gesellten. Meine Frau hat dann schon mal der Wirtin geholfen, Bier zu zapfen, Gläser zu spülen oder zu bedienen. Hier kamen dann immer so Sprüche auf, wie kauf deiner Frau doch gleich eine Kneipe. Das Problem war, ich hatte ja noch meinen Job bei Gira und den wollte auf keinen Fall aufgeben, also musste eine Lösung her.

Es war das Jahr 1986 und es ging auf Weihnachten zu, da erinnerte ich mich an ein Gespräch über eine Kneipe. Seit einem Jahr stand das Lokal Herhaus in der Unteren Lichtenplatzer Straße leer und wurde umgebaut. Die Bremme Brauerei hatte den Auftrag von der Frau Büssow, der Besitzerin des Hauses und des Lokals, die Arbeiten durchzuführen, also nahm ich Kontakt zu Bremme auf. Als die Arbeiten abgeschlossen waren, bekam die Nichte Ellen Göntsche, das Lokal. Ihre Tante, Frau (Mausi) Büssow hatte es lieber gesehen, dass die Gaststätte von der Familie weitergeführt wurde. Ihr Mann Klaus Göntzsche war nicht immer ein Fraund davon, dass seine Frau die Lokalität übernahm und so kam es, wie es kommen musste – nach einem Jahr war Schluss. So ist es in meiner Erinnerung.

In der Zwischenzeit hatte ich Kontakt zu Paul Scheffel, einem Automatenaufsteller und den Verwalter Rainer Baumeister wegen einer Lokalität in der Werlestraße, die Bürgerstuben, aufgenommen. Und so mietete ich die Gaststätte für meine Frau, machte ihr dies als Weihnachtsgeschenk. Sie eröffnete die Wirtschaft im Februar 1987, wir zogen dann im Mai 1987 von der Bergbahn in die Werlestraße. Kurios war dann, dass die Gaststätte Herhaus auch wieder frei wurde und der neue Pächter wurde ein Grieche, Gabriil, den alle nur Willi nannten, Tsarkowistas mit seiner Frau Eftalitza, die alle nur Litza nannten. Zu den Mittwochsgästen zählt auch der V B S (Verein Bergische Sportpresse) mit dem Gründer Manfred Osenberg, jetzt im Ruhestand mit Wohnsitz auf der Insel Wangerooge. Mit dem Präsidenten Martin Schneider (Zweites Deutsches Fernsehen, ZDF), Alexandra Szlagowski, der Leiterin des Wuppertaler Sportamtes, Klaus Göntzsche, Joachim Macheroux, Roderich Trapp, Hendrik Walder, Wolfgang Linge, um nur einige zu nennen. Aber

Bergische Sportpresse

auch Fußballer, zum Beispiel die Brüder Peter und Jürgen Staab, die Brüder Stefan und Michael Fuchs, ehemals WSC, die Handballer vom LTV oder der BTG, HSV Wuppertal mit Volker Luhn, die ehemaligen Mitarbeiter der Bremme Brauerei, sowie die letzten Kegelbrüder vom Laternchen 77. Alle haben wöchentlich oder monatlich einen Stammtisch, stellvertretend für viele weitere Stammgäste bei dem neuen Wirt Sven.

Nach 5 Jahren mussten wir die Gaststätte in der Werlestrasse wieder aufgeben, da Paul Scheffel das Haus verkauft hatte und der neue Besitzer aus dem Lokal ein Spezialitäten-Restaurant machen wollte. Zu dem Umbau des Küchentraktes wären wir nicht in der Lage gewesen, und so mussten wir erneut umziehen, von der Werlestraße in die Freiligrathstraße. Hier entstand gerade ein Neubau, der Bauherr Willi Müller war ein Mauerpolier der beinamputiert war, und mit nur einem Bein und einen Mitarbeiter ein ganzes 3-stöckiges Haus baute. Nachdem ich nach einer Wohnung fragte, musste ich in einem Bauwagen mit Willi Müller erst eine Flasche Bier trinken, dann waren wir Freunde, und es ließ sich besser über das Thema Wohnung reden. Da das Haus frei finanziert gebaut wurde, stand fest, ich bekam eine Wohnung von ca. 100 qm in der 1. Etage. Der Einzug fand dann im Februar 1993 statt. Willi Müller verstarb 2001, von da an übernahmen seine Söhne die Verwaltung, das hieß nichts Gutes und so war es auch: als erstes sollte die Miete erhöht werden, das konnten und wollten wir auf keinen Fall mitmachen, dann hätte ich 80 % meiner Rente für die Warm-Miete bezahlen müssen, da war Kündigung angesagt.

Ich hatte schon ein Neubau-Objekt im Auge, dafür brauchte es einen Bauförderungsschein, den konnte ich von Amts wegen nicht erhalten. Es ging um eine ca. 80 qm große Wohnung, die der Vermieter nicht vermietet bekam, weil das Amt nicht in der Lage war, einen Mieter zu finden, der den Mietzins zahlen konnte. Nach langem Hin und Her setzte der Vermieter dem Amt eine Frist. Da die Wohnung schon ein Vierteljahr leer stand, bekamen wir den Bauförderungsschein und konnten in die Wohnung einziehen. Nach knapp 2 Jahren bewohnten 7 ausländische Familien mit Kindern, russischer, türkischer, weißrussischer Herkunft das Haus und man hielt sich an keinerlei Regeln. Verschmutzungen im Treppenhaus, Schmiererein an den Wänden, laute Musik, wir stellten fest, hier können wir nicht länger wohnen, also fing die Suche nach anderen Wohnmöglichkeiten an.

Durch eine Zeitungsannonce „Wohnung auf dem Heidt nahe Barmer Anlagen zu vermieten“, haben wir sofort Kontakt aufgenommen und fanden eine Wohnung in einem Dreifamilienhaus, wo der Eigentümer selbst mitwohnte, die Wohngegend Albertstraße. Die Wohnung hatte ca. 80 qm und sagte uns sofort zu, und so wohnen wir schon im 20 zigsten Jahr hier und so soll es auch bleiben.

1999 machten wir eine Schiffs-Kreuzfahrt durch das Mittelmeer, nach Madeira, Teneriffa, Marokko Agadir, Gibralta. Dabei hat uns Agadir am Besten gefallen und so haben Heidi und ich viele Jahre bis 2006 jeden Sommer Urlaub in Agadir verbracht. Die Hotels waren: das Erste das Melid Al Madina Salam, das Zweite das Amadil Beach, das Dritte war die Parkanlage, ein Rui Hotel Tikida Dunas. Das gute Klima, ein fantastischer ca. 7 km langer Sandstrand, der uns besonders gefiel, da wir immer gerne lange laufen. Eine Besonderheit ist ganz in der Nähe die Königliche Sommerresidenz von Marokkos König Mohammed VI.

Ab dem Jahr 2000 haben wir auch Urlaub in Deutschland an der Nordsee gemacht, zur Jahrtausendwende waren wir in Greetsiel, im Bürgerhaus fand die Feier statt, die durch den größten Krabbenhändler gesponsert war. Das Buffet war reichlich mit Krabben, Fisch und verschiedene Fleischsorten, totale Spitze. Auch Getränke gab es bis zum Abwinken, bestellte man einen Schnaps, wurde die ganze Flasche auf dem Tisch gestellt und jeder konnte sich selbst bedienen. Wir waren zu drei Ehepaaren Vogels, Federhenns und Meyers, es war wunderbar.

In den Jahren 1980,1990 und 2000 haben wir noch viele Urlaube und Veranstaltungen in Deutschland erlebt. Auf Sylt mehrmals in Westerland, Wenningstedt, Kampen, die Gastronomie war damals *Die Kupferkanne* im ehemaligen Militärbunker oder im *Ziegenstall* von Valeska Gert, aber auch Hörnum und List waren beliebte Orte, auch das Fischlokal *Gosch*. Auch Büsum, Husum oder Friedrichstadt, das Holland im Norden. Mein Freund

Eckart Kiep hat in Plön ein Apartment, wo wir öfter wohnten, von hier aus haben wir die ganze Ostseeküste von Lübeck, Timmendorf, Kiel, Kappeln an der Schlei bis Burg auf Fehmarn kennengelernt. Nach der Wende haben wir dreimal in Binz auf Rügen Urlaub gemacht, waren in Stralsund, Sassnitz am Kreidefelsen, in Rostock, haben die Riesenanlage Prora (Motto: Kraft durch Freude) besichtigt und sind mit dem Rasenden Roland gefahren.

Sowohl nach Bremen, als auch nach Hamburg haben wir Städtereisen gemacht. In Bremen waren wir in der Böttchergasse, wir haben die Stadtmusikanten gesehen, das Schnoorviertel, wir haben die Weser befahren und besuchten die Hafenstadt Bremerhaven.

In Hamburg haben wir gewohnt im Elysee Hotel, im Hotel Hyatt, im Hotel Stadt Hamburg, Hotel Alte Wache, Hotel Best Western und einigen anderen. Wir waren im den Musical König der Löwen, Abba, Cats, Phantom der Oper. Sind beim Tennisturnier am Rothenbaum gewesen, haben die Elbphilarmonie von innen gesehen, waren zum Jazzfestival mit Chris Barber und Mr. Acker Bilk, Dutch Swing College Band u.e.m.

Im Jahr 2003 ging der Mercedes Benz 200 TE auf die 150.000 km zu und wurde meiner Frau zu groß. Wir entschieden, einen kleineren Wagen anzuschaffen. So haben wir uns für die A-Klasse von Mercedes entschieden.

Im Jahr 2012 stach uns wohl der Hafer und wir fanden es gut, ein Cabriolet zu haben, also kauften wir uns einen gebrauchten Mercedes SLK 200 zu unserer A-Klasse. Es war etwas anderes, mit einem solchen Fahrzeug offen bei gutem Wetter zu fahren. Nach 6 Jahren haben wir uns dann wieder von dem Cabriolet getrennt und fahren weiter „A-KLASSE“, damit muss nun gut sein.

Da uns Greetsiel als Ort zu klein war, sind Heidi und ich nach Norddeich weiter gezogen, das war 2001. Die Agentur Maus besorgte uns eine Ferienwohnung, die wir zwei Jahre nutzten, dann haben wir uns verändert und bekamen Kontakt zu einem Privat-Vermieter Hermann Hemken, der hatte vorher ein Rundfunk- und Fernsehgeschäft und vermietete auch Ferienwohnungen zu einem günstigeren Preis. Hier wohnten wir zweimal im Jahr im Frühjahr und im Herbst.

Wie es der Zufall so will, bin ich 2012 bei einer Physiotherapeutin, Frau Katrin Kampe, in Behandlung, man kommt in ein Gespräch, sie erzählt mir ganz nebenbei, meine Eltern vermieten in Norddeich Ferienwohnungen. Da wurde ich ganz hellhörig, sie gab mir die Telefonnummer und ich setzte mich mit den Eltern in Verbindung, bekam Bilder und einen Hinweis auf den Katalog. Wir konnten noch im Herbst eine Wohnung mieten, die schöner und größer war als die bei Hemkens. Das war der Anfang und seit 2012 wohnen wir nun regelmäßig zwei mal im Jahr bei Roswitha und Rainhard Kampe, in dem Haus befinden sich 4 Ferienwohnungen, 2 kleine, und 2 große, wir mieten immer die gleiche große Wohnung mal oben, mal unten. Die Wohnungen oben mit Balkon, unten mit Terasse, sind nach Süden, Südwesten ausgerichtet und wir mögen sie wegen der ruhigen Lage (Sackgasse). Da Norden-Norddeich seit Dezember 1979 Nordseebad ist, kam im Juni 2010 die höchste Auszeichnung dazu und seitdem darf sich Norden-Norddeich „Nordseeheilbad" nennen.

Mittlerweile wohnen wir nun schon 10 Jahre bei Kampes, in der Zeit hat sich ein freundschaftliches Verhältnis ergeben, und wir haben uns auf das „Du" geeinigt. Auch kuren wir seit 2013, dann sind wir immer 3 Wochen mit Physiotherapien bei dem Physio-Unternehmen Schäfer in besten Händen, die Kur wiederholen wir alle 3 Jahre. Also nach 2013, 2016, 2019 auch 2022. Hierzu braucht es allerdings eine Genehmigung durch die Krankenkasse, und durch den Kurarzt, der die Anwendungen festlegt.

Unser zu Hause ist die Wohnung in der Albertstraße, wo wir jetzt im zwanzigsten Jahr wohnen, wir werden keine Reisen mehr ins Ausland machen und uns nur noch auf die Nordsee konzentrieren.

Ich befinde mich im 85. Lebensjahr und bin ich Zeit meines Lebens immer ein Barmer Jong geblieben und so soll es auch noch lange bleiben.

Viele Freunde sind uns nicht mehr geblieben, aber das bringt die Zeit ja so mit sich.

MB A KLASSE

MB SLK 200

MB 200 TE

OPEL REKORD

OPEL ASCONA

FORD GRANADA

FIAT 126

ALFA ROMEO

Schlusswort

Was ist aus der Familie Meyer geworden? Johannes, mein Vater ist 1985 mit 80 Jahren gestorben. Hildegard, meine Mutter ist 1988 mit 80 Jahren gestorben.

Mein Bruder Dieter, der nach seiner Lehre zum Glaser, später als Glasermeister 30 Jahre eine eigene Glaserei in Wuppertal-Vohwinkel betrieben hat, war mit Gerlinde Meyer verheiratet und hatte 2 Kinder. Die Tochter Stephanie und den Sohn Ralph. Stephanie hat 2 Töchter, Ralph hat 2 Söhne. Mein Bruder Dieter ist im Januar 2021 nach einer Herz OP verstorben.

Mein Bruder Wolfgang, der Stellmacher gelernt hatte und dann zur Feuerwehr ging, ist auf der Rückreise aus dem Urlaub in Südfrankreich 1973 tödlich verunglückt. Er war kinderlos.

Ich, Hans-Bernd Meyer, bin 1938 geboren, machte nach der Schule eine Elektrolehre, habe einige Jahre als Elektroinstallateur gearbeitet. Ich war 3 Jahre bei der Bundesmarine, 11 Jahre im Kundendienst und der Kundendienstleitung bei der Firma Vorwerk & Co. Bin dann zu der Firma GIRA nach Radevormwald gewechselt, zunächst als Fachberater, später als Bezirksleiter mit eigenem Bezirk, 30 Jahre bis zur Rente.

Seit 1963 bin ich verheiratet mit Heidi Meyer, wir haben 2 Söhne, H.York und Guido. York ist Elektroinstallateur, Guido ist Kaufmann und Geschäftsführer. Beide Söhne waren verheiratet, York hat einen Sohn, Richard, 18 Jahre, der zur Zeit in der Ausbildung zum Kfz-Mechatroniker ist.

Eine Cousine, Christa Hahne, geb. Meyer, die einzige Tochter von Kurt Meyer, lebt nach dem Tod ihres Mannes in Hilden.

Als ich dieses Buch geschrieben habe, war ich im 86. Lebensjahr und bin im 60zigsten Jahr mit meiner Frau Heidi verheiratet.

Zwar habe ich keine“ROTEN HAARE“ mehr, bleibe aber immer ein „BARMER JONG“.